있는 그대로 가나

있는 그대로 가나

이정화 지음

GHANA

초록비책공방

나와 가나의 이야기

처음 코이카 가나 사무소로의 파견이 결정되었을 때 그것이 내 인생에서 평생 따라붙을 하나의 수식어가 될 줄은 전혀 몰랐다. 사실 처음 가나에서 근무해보지 않겠느냐는 제안을 들었을 때 그곳이 에볼라 바이러스가 창궐하는 서부 아프리카의 한 나라인 줄 알았고 관광이라는 분야로 내 인생에 쌓고 싶었던 이야기를 만드는 데 별 도움이 되지 않을 것 같다는 이기적인 생각에 거절했다.

하지만 운명은 나를 가나로 이끌었다. 막연한 두려움에 움츠리고 있던 적응기를 지나고 가나의 수도 아크라의 부촌에 위치한 고급 주택에서 나와 트로트로를 타고 가나의 방방곡곡에 발을 내딛은 후 나의 세상은 크게 달라졌다. 방 안에 붙어있던 가나 지도 안의 단색 땅들이 다채색 공간이 되어 와 닿았다.

그렇게 즐기며 여행하다 보니 가나 사무소에서도 중점 사업 분야가 아닌 관광 분야에서 프로젝트를 기획해볼 수 있는 기회가 생겼고 관광부 회의와 유엔 관광기구 회의에 참여하고 카카오 농장, 식물의학과학 연구센터 등을 방문할 기회가 주어졌다.

이러한 과정을 통해 나는 그곳을 '무언가를 이루기 위한 목적' 혹은 나에게 '도움을 줄만한 곳'이 아닌 내 인생을 걸어가며 만난 반짝이는 과정 중 하나로 여길 수 있게 되었다. 그리고 이제 알고 있다. 도움이 될 것 같은 길을 따르는 것이 인생이 아니라 나 스스로 만들어 나가는 길이 결국 나에게 도움이 되는 길을 열어줄 것이란 걸 말이다.

가나를 걷고 난 후 나는 아프리카 대륙으로 향하는 여행자들을 위한 일을 하게 되었고 그 날개를 달고 아프리카와 관련한 다양한 활동과 공부를 하면서 아프리카를 세상에 알리고 그들과 교류하게 하는 길을 걷고 있다. 이제는 수단이 아닌 순수하게 좋아하는, 함께 걸어가고픈 곳이 된 아프리카 그리고 나의 가나를 조금이나마 독자 여러분과 나누고 싶다.

가나에 대해 글을 쓰는 것은 잘 안다고 생각한 사실들도 더 주의 깊게 들여다보지 않으면 피상적인 앎에 대한 착각일 뿐이라는 것을 깨닫게 하는 과정이었다. 나름 열심히 공부하고 광범위한 주제로 글을 쓰려고 노력했으나 아직 부족한 점이 많다는 것도 잘 안다. 특히, 가나의 '주류' 문화가 아니라면 더더욱 모르는 것이 많다는 것을 안다. 하지만 수치상의 다수가 아니라고 해서, 또 수도에 인접한 지역과 관련되지 않았다고 해서 가치가 없다고 생각하지 않는다. 그들은 그들대로 '주류'로서 살아가고 있을 테니까. 단지 외부인인 내가 모를 뿐.《있는 그 대로 가나》독자 분들이 그 이상의 것을 공부하는 데 이 책이 시작점이 되기를 바란다.

그 누구보다도 가나에 대해서 더 많이 알아가게 하는 과정을 만들어주신 아프리카인사이트에 감사드린다. 마지막까지 더 잘 알아보고 쓰려고 남겨두었던 추장과 음악에 대한 부분은 한국외국어대학교 아프리카학부 장용규 교수님과《낙인찍힌 몸》의 저자 염운옥 교수님, 한국외국어대학교 국제지역대학원 아프리카 지역학 박사 과정의 육숙희 님, 아프리카 음악에 관심이 지대한 안수찬 님이 정보를 제공해주시고 자문해주셨다. 한국에 거주하는 가나인이자 국내 가나 학생 커뮤니티인 '가스카GHASKA'의 회장, 델라 쾨미Dela Quarme는 가나 청소년들의 이야기를 담기 위해 진행한 설문 조사에서 설문지 검토, 설문 대상 선정 등에 도움을 주었을 뿐 아니라 가나인의 조언이 필요할 때마다 적극적으로 나서서 의견을 모아주었다. 또 한글로 옮기기 애매한 현지어 발음에 대해서는 가나인 친구 델라 쾨미와 류벤 타마클로에Reuben Tamakloe가 음성 녹음과 한글 표기본을 제공해주고 조언해주었다.

아프리카에 대한 사랑을 일에 녹여낼 수 있게 무대를 마련해주셨던 오지투어와 혼자임을 즐기나 혼자가 아닌 것을 충분히, 끊임없이 알게 해주는 가족들에게 특히 감사 인사를 전한다.

3부 역사로 보는 가나 ✧

퀴즈로 만나는
가나

다음의 퀴즈는 이 책을 보기 전에 알아두면 좋을 가나에 대한 가장 기본적인 정보이다. 정답을 다 맞히지 못하더라도 퀴즈를 풀다 보면 가나에 대한 호기심이 조금씩 생길 것이다.

> # Q1.
>
> 과거의 국명이 '황금 해안'이었으며 사하라 이남 아프리카에서 처음으로 독립을 이루어낸 나라는?
>
> ❶ 기니 ❷ 가나 ❸ 적도기니 ❹ 기니비사우

Answer. ❷ 가나

가나는 황금이 많이 생산되어 서구의 아프리카 유입 시기 '황금 해안 *Gold Coast*'이라고 불렸으며 1957년 독립을 이뤄내 이후 1960년대 많은 아프리카 나라가 독립하는 데 시발점 역할을 했다.

Q2.

가나의 초대 대통령이며
범아프리카주의의 주창자로
전 아프리카 대륙의 역사상으로도
중요한 인물은 누구일까요?

❶ 이승만 ❷ 마커스 가비 ❸ 콰메 은크루마
❹ 코피 아난 ❺ 레오폴드 상고르

Answer. ❸ 콰메 은크루마

가나의 초대 대통령 콰메 은크루마*Kwame Nkurmah*는 전 아프리카 대륙의
단결과 통합을 주장함으로써 국내뿐 아니라 국외, 특히 전 아프리카
대륙의 나라에 미친 영향이 크다.

Q3.

한국의 제과 회사가
가나 대통령으로부터 상을 받게 한
가나의 주요 수출품은 무엇일까요?

❶ 쌀   ❷ 파인애플   ❸ 옥수수   ❹ 커피   ❺ 코코아

Answer. ❺ 코코아

2020년 10월 국내 한 제과 회사가 가나의 국명을 딴 초콜릿 판매로 가나의 인지도를 높여 '가나에 근거지 없는' 기업 중 최초로 대통령상을 수상했다. 가나는 코트디부아르에 이어 전 세계에서 두 번째로 많은 코코아를 수출하고 있으며 가나의 코코아는 국제 시장에서 톤당 가격이 가장 높다.

Q4.

"

서부 아프리카 해안의 주요 노예 무역
기지였던 성과 동일한 이름으로
가나 센트럴주의 주도인
도시의 이름은 무엇일까요?

❶ 뉴욕　❷ 맨체스터　❸ 쿠마시　❹ 케이프코스트　❺ 아루샤

"

Answer. ❹ 케이프코스트

가나 센트럴주의 주도인 케이프코스트*Cape Coast*에는 유네스코 세계 문화 유산인 케이프코스트성이 있다. 대서양 노예 무역을 통해 거래된 흑인의 10퍼센트가 가나 지역의 아칸인이었을 정도로 많은 흑인이 가나 지역에서 팔려갔는데 그중에서도 많은 수가 특히 케이프코스트성을 통해 거래되었다.

Q5.

"

카리브해 국가 및 미국 흑인 사이에
널리 알려져 각종 거미와 관련한 설화 및
영화 〈스파이더맨〉에 영향을 끼친
아칸인들의 신은 무엇일까요?

❶ 아난에이 ❷ 아난비 ❸ 아난시 ❹ 아난디 ❺ 아난다

"

Answer. ❸ 아난시

아난시Anansi는 거미의 모습을 하고 있으며 교활하고 재치 있는 책략으로 적을 이겨내는 사기꾼의 특성을 가지고 있다. 그는 기존 질서를 혼란시켜 새로운 질서를 만들어내는 존재이다. 이러한 특성 때문에 노예 저항의 상징으로 여겨지며 아프리카 지역에서 팔려간 아메리카 대륙의 흑인들에게 사랑받았다.

1부
아콰바! 가나

내일을 생각하며 선을 행하라.

기니만의 황금 해안

가나는 아프리카 서부 기니만 연안에 접한 나라이다. 동쪽으로 토고, 북쪽으로 부르키나파소, 서쪽으로 코트디부아르와 삼면을 맞대고 있으며 면적은 23만 8,535제곱킬로미터로 한반도 면적(22만 748제곱킬로미터)보다 약간 더 크다. 수도인 아크라 *Accra*가 위치한 남부 지역이 상대적으로 경제 수준이 높으며 대서양과 접해 있는 해안선은 560킬로미터에 이른다.

가나는 적도에서 북쪽으로 단지 몇 도밖에 떨어져 있지 않고 본초 자오선이 지나고 있어 그리니치 자오선이 존재하는 영국과 마찬가지로 우리나라와 아홉 시간의 시차가 있다.

가나의 지형

    남부 해안의 관목지 그리고 숲과 초원이 가나의 대부분을 차지하고 있으며 대체로 평탄한 고원으로 이루어져 있다. 가나에서 가장 높은 산은 해발 고도 885미터인 아파자또산이다.

    아파자또산과 얽힌 추억을 잠깐 되짚고 가야겠다. 때는

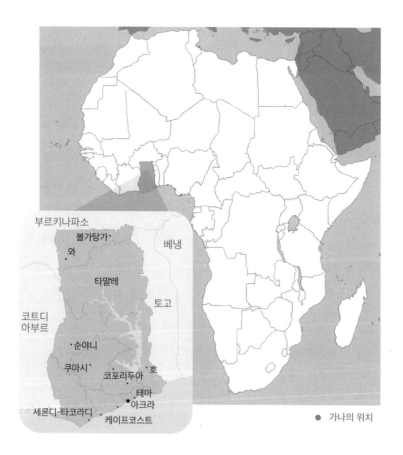

● 가나의 위치

26

2016년 새해 다음 날, 아파자또산 근처가 고향이었던 가나의 고위 공무원이 아파자또산 꼭대기에 고급 리조트를 지으려고 하다가 횡령을 저질러 모든 공사가 중단되었고 그 공무원은 자리에서 물러났다. 그리고 중단된 공사 비용을 충당하기 위해(라고 나중에 알게 되었

가나의 지형

다) 산꼭대기에서 패러글라이딩 축제가 열린다는 소식을 들었다.

나는 친구 두 명과 함께 아크라에서 하늘을 날 꿈을 안고 울퉁불퉁한 비포장도로를 달려 아파자또산에 오를 수 있는 릭페 토도메*Likpe Todome*에 도착했다. 밑에서 보니 산의 경사가 꽤 가팔라 올라갈 엄두가 안 났다. 축제가 열리는 산꼭대기까지 가는 교통수단이 없어 난감해하고 있던 차에 동네 아저씨가 제공해준 최고의 교통편, 굴삭기를 타고 산을 올랐다. 주변에 있던 사람들이 하나둘 올라타서 발 딛을 틈도 없고 실수로 손잡이를 놓쳐버리면 굴러 떨어져 머리통 정도는 깨질 법한 환경이었지만 그때는 뭐가 그리 신난다고 동네 청년들과 춤추고 노래

부르며 산을 올랐던 기억이 새록새록하다.

이제 아크라의 동쪽 지역으로 가보자. 볼타강이 흐르는 이곳에 1965년 아코솜보댐이 완공되면서 볼타 호수가 생겨났다. 볼타 호수는 국토 면적의 3.6퍼센트를 차지하며, 이는 세계에서 가장 큰 인공 호수이다.

가나에는 여섯 개의 국립 공원과 그 외 많은 자연 보존 구역이 있다. 가나에서 가장 큰 국립 공원인 몰레 국립 공원에는 650종의 나비뿐 아니라 표범, 코뿔새, 악어, 버팔로, 코끼리 등 다양한 야생 동물이 서식한다.

가나의 황사,
하마탄

가나는 적도가 가까운 만큼 열대 기후대에 위치하고 있다. 남동해안은 온난 건조, 남서해안은 고온 다습한 편이며 북부 지역은 고온 건조하다.

쾨펜의 기후 구분에 의하면 열대 기후는 연중 기온이 18도 이상이며 기온의 연교차가 적은 곳으로 월평균 강수량, 강수

● 하마탄 이동 경로

시기 등에 따라 열대 우림 기후, 몬순 기후, 사바나 기후, 열대 하계 소우 기후 등으로 나뉜다. 그러므로 열대 기후, 특히 아프리카

● 하마탄으로 하늘이 뿌연 시내   (출처- Caabi-pic)

지역이 항상 덥다는 것은 굉장한 편견이 아닐 수 없다.

가나의 계절은 우기와 건기로 나뉘며 남부 지역은 3~11월이, 북부 지역은 4~10월이 우기이고 나머지 기간이 건기이다. 쉽게 말하면 한국의 여름 즈음에는 우기, 한국의 겨울 즈음에는 건기인 셈인데 우기에는 일교차가 심해 한국보다 춥게 느껴지기도 한다. 이 시기에는 감기에 걸리지 않기 위해 겉옷이 필요하다. 한겨울을 겪는 한국 사람들보다 추위에 약한 가나 사람들은 한국의 봄가을 정도 되는 기온에도 패딩 점퍼를 꺼내 입기도 한다.

가나에는 한국과 비슷한 것이 하나 있다. 한국에 봄철의 불청객인 황사가 있다면 가나에는 '하마탄Harmattan'이 있다는 것. 지리적으로 사하라 사막과 인접해있는 만큼 1~3월 동안은 사하라 사막 쪽에서 불어오는 모래 먼지로 인해 대기질이 좋지 않다. 외출할 때 창문을 꼭 닫지 않고 나간다면 누런 먼지와 한 몸이 된 집 안의 가구들을 볼 수 있다.

사막화

사하라 사막은 세계에서 가장 큰 사막 지대로 아프리카 대륙 북부에 광범위하게 분포하고 있으며 알제리, 튀니지, 리비아, 이집트, 서사하라, 모리타니아, 말리, 니제르, 차드, 수단, 에리트레아 등의 영토에서 대부분을 차지하고 있다. '사하라*Sahara*'라는 말은 '불모지'를 뜻하는 아랍어에서 유래되었을 정도로 거의 대부분의 생물이 살아갈 수 없는 곳이다.

참고로 내가 모리타니아-서사하라의 사막 지역을 종단하면서 느낀 점은 이 사막은 우리가 생각하는 사막의 낭만 따위 없는 곳이라는 것이다. 분명 '어린 왕자'가 나오는 모로코의 관광객용 사막과 전혀 다른 곳이다. 그저 모래바람이 따귀를 때려치는 곳이 바로 이곳의 사하라 사막이다.

이런 사막 지역이 늘어나고 있다. 사하라 사막의 남부 지역과 인접한 지역을 '사헬*Sahel* 지역'이라고 부르는데 세네갈, 모리타니아, 말리, 부르키나파소, 니제르, 나이지리아, 카메룬, 차드, 수단, 남수단, 에리트레아 등의 영토가 이 지역에 속해있다. 삼림 벌채와 농경지의 확산, 기후 변화 등의 이유로 사헬 지역 또한 급속히 건조하고 황폐해지고 있다.

가나는 사헬 지역에 포함되지는 않지만 가나의 환경·과학·기술·혁

신부 장관인 콰브나 프림퐁-보아텡*Kwabena Frimpong-Boateng*이 2020년 세계 가뭄, 사막화 퇴치의 날에 언급한 것에 따르면 가나 영토의 35퍼센트가 사막화의 위험에 처해있다고 한다.[1] 그리고 사하라 및 사헬 지역과 인접해있어 기후 난민의 유입으로 사회적 불안정이 심해질 가능성도 있다.

사막화는 1970~1980년대에 걸쳐 수백만 명의 인명 피해를 낳았다고 하는데 2021년 코로나19 바이러스 사태로 알 수 있듯 지구는 생각보다 작고 지구의 위기는 눈 깜짝할 사이에 모두를 덮칠 수 있다. 그러므로 전 지구인이 힘을 합쳐 이 난관을 타개해나갈 방법을 찾아야 한다.

가나의 국가 상징들

아프리카의 검은 별, 국기

빨간색, 노란색, 녹색을 범아프리카색이라고 부르며* 이는
다양한 아프리카 나라의 국기에 차용되고 있다. 범아프리카색
은 에티오피아 국기에서 비롯된 색깔이다. 서구 제국주의 나라
들에 의해 식민 지배를 받은 다른 아프리카 나라와는 달리 에
티오피아는 식민 지배를 받은 경험이 없고 고유의 언어가 있
으며 고대부터 전해져 내려오는 역사가 있어 아프리카인들의

---

* 1920년 뉴욕시에서 열린 세계흑인지위향상협회는 빨강, 검정, 녹색을 범아프리카
색으로 정했다. 빨강은 피, 검정은 흑인, 녹색은 자연을 뜻한다.

● 녹색, 빨간색, 노란색은 에티오피아
국기에서 비롯된 범아프리카색이다.

● 가나의 국기

자존감의 근원으로 여겨지기 때문이다.

가나는 서구 식민 지배에서 독립하면서 범아프리카색을 국기에 차용한 최초의 국가이다. 가나 국기의 빨간색은 독립 투쟁을 한 선조들의 피를, 노란색은 국토의 풍족한 자원을, 녹색은 가나의 풍부한 숲과 자연을 뜻한다.

가나의 국기를 이야기할 때 빼놓을 수 없는 사람이 있는데 바로 마커스 가비Marcus Mosia Garvey이다. 미국 사업가이자 인권 운동가인 마커스 가비는 1887년 자메이카에서 태어났다.

그는 미국 내 흑인 인권을 제고하기 위해 흑인을 직원으로 채용하고 흑인 전용의 해운 회사인 블랙스타라인The Black Star Line(검은 별 해운 회사)을 설립했으며 사회 경제적 활동을 펼침으로써 그의 영향력은 미국뿐 아니라 카리브해 지역의 흑인들, 나아가 가나의 초대 대통령 콰메 은크루마에게까지 미쳤다. 그래서 미국과 카리브해 제도들 그리고 가나 등에는 학교, 고속

마커스 가비의 이름을 딴 시설물들

● 미국 뉴욕의 마커스 가비 아파트

● 자메이카의 마커스 가비 도로   (출처-NWA Jamaica)

● 검은 별 기념문

도로와 같은 사회 기반 시설의 명칭에 마커스 가비의 이름이
들어가 있는 경우가 많다.

가나의 국기를 디자인한 사람은 가나의 예술가인 테오도시
아 오코*Theodosia Okoh*이다. 1957년 3월 6일 가나가 독립할 당시
초대 대통령 콰메 은크루마는 마커스 가비에게 영감을 받은 테
오도시아 오코의 디자인을 국기로 채택했으며 첫 번째 독립기
념일 축하 행사에서 처음 사용했다. 범아프리카색과 검은 별은
이후 기니비사우의 국기 디자인에도 영향을 끼쳤다.

가나 안에서도 국기가 다양하게 활용되는데, 특히 아프리카
의 축구 강호인 가나 축구 대표 팀의 별칭이 '검은 별'이라고
알려질 정도로 가나 사람들은 국기에 대한 애정이 가득하다.

또 가나의 수도 아크라의 중심가에는 매년 독립 기념행사와 주요 국가 행사가 열리는 광장이 있는데 이곳을 '독립 광장' 혹은 '검은 별 광장'이라고 부르기도 한다. 그 이유는 꼭대기에 검은 별이 장식되어있는 '검은 별 기념문*Black Star Gate*'이 광장의 중심부에서 그 위용을 자랑하기 때문이다. 가나에 방문한다면 이 문 앞에서 꼭! 위풍당당하게 기념사진을 찍어보자.

가나의 국가

'*God Bless Our Homeland Ghana*(신이시여, 우리의 조국 가나를 축복하소서)'가 1957년 가나의 국가로 채택되었다. 기존의 국가는 필립 베호*Philip Gbeho*가 작곡하고, 임마누엘 파포 톰슨*Emmanuel Pappoe-Thompson*이 가사를 썼으나 이후 정부에 의해 가사가 수정되었다. 현재 가나의 국가로 사용되고 있는 가사는 1970년대 마이클 콰미 보드조에*Michael Kwame Gbordzoe*가 작사했다.

가나에서는 국가 제창 후 국가 서약을 함께 낭송한다.

1절

God bless our homeland Ghana
신이시여, 우리의 조국 가나를 축복하소서

And make our nation great and strong
그리고 자유와 권리의 대의를

Bold to defend forever
영원히 지킬 수 있도록

The cause of Freedom and of Right
우리나라를 위대하고 강하고 대담하게 만드소서

Fill our hearts with true humility
참된 겸손함으로 우리의 마음을 채우시고

Make us cherish fearless honesty
두려움 없는 정직을 소중히 간직하게 하고

And help us to resist oppressors' rule
우리의 모든 의지와 힘으로 영원히

With all our will and might for evermore.
억압자들의 지배에 저항하노록 도와주소서

2절

Hail to thy name, O Ghana,
만세! 그대의 이름, 오 가나여

To thee we make our solemn vow:
그대에게 우리는 엄숙히 서약하오니

Steadfast to build together
단결 속에서 꿋꿋하게 강한 나라를

A nation strong in Unity;
함께 세우기를 서약하오니

With our gifts of mind and strength of arm,
우리의 마음과 힘으로

Whether night or day, in the midst of storm,
밤이나 낮이나 폭풍의 한가운데에서나

In every need, whate'er the call may be
그 어떤 어려움이 있다 하더라도 그대 가나를 섬기겠노라고

To serve thee, Ghana, now and for evermore.
지금 이 순간에도 그리고 영원히

3절

Raise high the flag of Ghana
가나의 깃발을 높이 들어 올리고

and one with Africa advance
하나된 아프리카를 향해 전진하라

Black star of hope and honour
자유를 갈망하는 모든 사람을 위한

To all who thirst for liberty
희망과 영광의 검은 별이여

Where the banner of Ghana freely flies,
가나의 깃발이 자유롭게 휘날리는 곳에

May the way to freedom truly lie
진실로 자유를 향한 길이 있기를

Arise, arise, O sons of Ghana land
일어나라, 일어나라, 오! 가나의 아들들이여

And under God march on for evermore!
하느님의 보호 앞에서 영원히 나아가리라

국가 서약

I promise on my honour to be faithful and loyal to Ghana my motherland.
가나, 나의 조국에 충실하고 충성하기 위해 나의 명예를 약속합니다.

I pledge myself to the service of Ghana with all my strength and with all my heart.
나는 나의 모든 힘과 마음을 다해 가나에 봉사하겠다고 맹세합니다.

I promise to hold in high esteem our heritage, won for us through the blood and toil of our fathers.
나는 우리를 위해 조상들이 피와 수고로 얻은 우리의 유산에 높은 존경심을 가질 것을 약속합니다.

And I pledge myself in all things to uphold and defend the good name of Ghana.
그리고 저는 모든 면에서 가나의 우수한 이름을 옹호하고 수호할

것을 맹세합니다.

So help me God.
그러니 신이시여, 도와주소서.

국장[2]

가나의 국장은 황금 테두리가 둘러진 녹색 십자가에 의해 네 부분으로 분할된 방패와 검은 별, 독수리, 숲 등으로 구성되어있다.

방패 왼쪽 상단에 있는 칼은 지방 정부를, 오른쪽 상단에 있는 성은 중앙 정부를 상징한다. 방패 하단 부분은 가나의 풍부한 자원을 의미하는데 왼쪽의 코코아나무는 농업 자원을, 오른쪽의 광산 시설은 광업 자원을 나타낸다.

방패 중앙에 있는 황금 사자는 가나와 영연방●의 지속적인 유대 관계를, 방패 맨 위에 있는 검은 별과 세 가지 색깔의 받

● 영연방은 영국 본국과 식민 시대 대영 제국의 식민지였다가 독립한 나라로 구성된 연방체이다. 2020년 기준 19개 아프리카 나라가 소속되어있다.

침은 아프리카 자유의 지침, 북극성*Lodestar of African Freedom*이라고 묘사되는 범아프리카주의, 반식민주의를 의미한다.

  마지막으로 방패 양쪽에 마주보고 있는 독수리 두 마리는 국가를 선명하고 세심하게 내려다보는 눈과 힘을 가진 국가의 보호자를 상징한다. 방패와 독수리 아래에는 '자유와 정의'라는 금언이 적혀있다.

아프리카의 현대를 담은 수도, 아크라

가나의 코토카국제공항을 통해 입국하면 만나게 되는 도시는 아크라이다. 가나의 수도이자 250만 인구(2020년 기준)[3]가 모여 사는 광역 대도시로 한 나라의 수도인 만큼 인구 밀도가 가장 높고 정부 청사, 상업 지구, 고급 주거 지구, 금융 허브 등이 모여있다.

아크라는 개미집을 뜻하는 아칸어인 '응크란*Nkran*'에서 유래되었다는 설이 유력하다. 실제로 가나 주변에는 황토가 높게 쌓인 개미집을 많이 볼 수 있다.

19세기 중반 영국이 프랑스, 네덜란드, 스웨덴 등을 제치고 이 지역에서 영향력을 넓혀가며 처음 영국령 골드코스트*의 수도로 삼았던 곳은 아크라에서 약 150킬로미터 떨어진 케이프코스트였다. 하지만 이 지역의 맹주였던 아샨티 제국과 몇 차례의 충돌 끝에 1874년 영국은 아크라를 점령하고 골드코스트의 수도로 삼았다.

이후 아크라에 각종 행정 기능이 이전되었고 영국 식민지 관리자의 정착촌이 건설되기 시작했다. 그때 건설된 칸톤먼츠 *Cantonments*, 라보니*Labone* 등은 지금도 여전히 고급 주택가들이 모여있는 곳으로 19세기 말 도시 계획이 현재의 아크라에도 영향을 미치고 있다.

아크라에는 가볼 만한 곳이 많은데 빅토리아버그*Victoriaborg* 지역에는 각종 관공서와 세계 유수의 대형 프랜차이즈 호텔 등이 모여있어 현지인들은 이곳을 '아크라 센트럴'이라 부른다.*

아크라 센트럴에는 초대 대통령을 기념하는 콰메 은크루마 기념 공원, 가나를 상징하는 검은 별로 장식된 독립문*이 웅장하게 서 있는 독립 광장 등이 있다.

화려하고 고급스러운 중심가 바로 뒤편에는 조금 더 서민적인 삶을 들여다볼 수 있는 곳도 있다. 아크라에서 가장 큰 시장

---

* 가나의 옛 이름
* 줄여서 '아크라'라고도 부른다.
* 검은 별 기념문, 검은 별 기념비라고도 부른다.

● 콰메 은크루마 기념 공원

인 막꼴라 시장에서는 아크라의 역동성을 느낄 수 있다. 어셔
포트에는 대서양 노예 무역의 흔적이 남아있으며 제임스타운
은 농업에 종사하는 빈민이 모여 사는 바닷가 마을이지만 식
민지 시기 초기 정착촌으로 제임스타운 등대와 같은 옛 건축
물이 남아있어 한번 들러볼 만하다.

빅토리아버그의 동쪽에는 오수Osu라는 지역이 있는데 그곳
의 중심 거리인 옥스퍼드로는 가나의 명동이라고 불릴 정도로
각종 상점과 맛집이 늘어서 있다.

아크라 북동부의 레곤Legon 지역에 있는 가나 최고의 대학인
가나대학교는 가나 최고의 인재들이 모여드는 곳이다. 학생이
아니더라도 주황 지붕에 흰 벽의 냉국풍 건물들과 초록이 우거

● 제임스타운 등대

진 이곳 교정은 충분히 가볼 만한 가치가 있다.

아크라는 해안 도시인만큼 각종 해변이 관광객과 현지인들을 사로잡는데 그중 라바디 해변과 코크로비테 해변이 유명하다. 개방형 식당과 해변을 가득 채우는 가나풍 음악들, 현지인들과의 어우러짐이 있는 가나의 해변은 이 나라가 가진 매력을 만끽하는 데 최고의 장소이다.

그 외에도 각종 공산품으로 가득 찬 복합 쇼핑몰과 맛있는 음식들을 파는 맛집 그리고 여가 시간을 보낼 수 있는 다양한 시설이 아크라에 가득해 이곳에서의 기억을 풍요롭게 만든다.

● 아부리 식물원   ● 테마항 (출처-SteKrueBe)

아부리

가나 북부 지역에 있는 아부리*Aburi*는 지대가 높은 언덕으로 아부리 식물원이 유명하다. 북적거리는 아크라와는 달리 맑은 공기를 즐길 수 있다.

테마

아크라와 인접한 테마*Tema*는 가나 최대의 항구로 가나 독립 이후 콰메 은크루마에 의해 건설된 계획도시이다. 수산업에 종사하는 한인이 많이 살고 있어 한인 교회, 한인 식당 등 한국인을 위한 각종 편의 시설이 위치하고 있다.

아그보그블로시, 해양 쓰레기

밝은 면이 있으면 어두운 면도 있는 법. 아크라의 어두운 면을 보여주는 대표적인 곳이 바로 아그보그블로시Agbogbloshie이다. 이곳은 세계에서 가장 큰 전자 제품 쓰레기 처리장 중 하나로 2013년 미국의 환경보호단체 블랙스미스 연구소와 스위스 녹십자가 이곳을 세계 10대 유독 물질 위험 지역으로 발표하기도 했다.[4]

아그보그블로시에서 처리되는 전자 제품은 대부분 유럽에서 불법 수출된 것인데 이 지역에 사는 8만 명의 주민이 이 폐기물들을 태워 각종 금속과 부품을 추출해 생계를 이어나가고 있다. 이곳의 토양은 허용치를 몇십 배 뛰어넘는 유해 금속을 품고 있고 최근에는 닭이 낳은 달걀에서도 독성 강한 화학 물질이 검출되었다고 한다.[5]

쓰레기 문제를 이야기할 때 서부 아프리카의 해안을 빼놓을 수 없다. 쓰레기가 여기저기 떠 있고 쌓여있는 서부 아프리카의 해안을 보면서 단지 이곳만의 문제인 줄 알았다. 하지만 해양 쓰레기는 발생지와 무관하게 해류의 움직임에 따라 해안으로 모여든다는 것을 나중에야 자각했다. 서부 아프리카 해안은 아메리카 대륙 및 남부 아프리카에서 발생한 해류

● 아그보그블로시 쓰레기 처리장

가 만나는 곳으로 이곳으로 모여드는 해양 쓰레기●는 어디에서 오는지 정확하게 알 수 없다.

그 외에도 조악하게 만들어진 각종 공산품이 아프리카로 들어와서 쓰레기가 되는데 한 미국인 형제의 가나 현지 사업 도전기를 담은 책 《아프리카의 배터리킹》[6]에 이에 대한 묘사가 나온다.

> 코르크 따개가 한 번 쓰면 부러지고, 박스에서 막 꺼낸 수도꼭지가 달자마자 새고, 문을 닫으면 가스 오픈 퓨즈가 나가고, 냉장고 문이 제대로 안 닫히고, 마늘 찧는 기계가 비스킷만 갖다

● 미국 CNN 방송에 따르면 매년 800만 톤의 플라스틱이 바다로 쏟아지며 이는 1분에 트럭 1대 분량의 쓰레기를 바다에 쏟아붓는 것이나 마찬가지라고 한다.

대도 무뎌지고, 가위처럼 당신의 손을 찢는 집게가 있는 곳이 세상에 딱 한 곳 있다. 그곳은 바로 아프리카 부엌이다. (중략) 서구 소비자들이 쓰기에 너무 조잡하거나 안전하지 않은 제품은 결국 아프리카에 팔린다. 거기에 사람들이 선의로 기부한 헌 옷과 스테레오 카세트 데크도 따라온다.

지금은 중국이 아프리카에서 거대한 제조업에 동력이 될 만한 천연자원을 싹 쓸어서 싣고 갔다가 품질 보증서도 없고 반환도 교환도 안 되는 반짝거리는 쓰레기라는 형태로 아프리카에 되돌려주는 추세이다.

아그보그블로시와 서부 아프리카 해안의 쓰레기 그리고 《아프리카의 배터리킹》 이 세 가지 사례는 모두 선진국이라고 불리는 곳에서 발생한 것으로 해당 나라에서 처리해야 할 것들이 소위 말하는 개발도상국의 책임이 된 사례이다.

역동적인 아크리는 물건을 쓰고 버린 이후 그것이 어떻게 처리되는지 몰라도 상관없게 만드는, 거대한 세계화 사회가 만들어낸 가슴 아픈 진실 또한 품고 있다.

가나 주요 도시 지명의 유래

케이프코스트

센트럴주의 주도인 케이프
코스트에는 노예 무역이 벌어
졌던 케이프코스트성이 있다.
대서양과 맞닿아 있는 이곳은
여러 매력을 가진 도시이다.

1555년 포르투갈이 무역
기지를 만들면서 '짧은 곳 *short
cape*'이라는 의미로 이름을 붙
였다가 나중에 '곶 해안'이라

는 뜻인 '케이프코스트'로 변화되었다. 이전에는 오구아_Oguaa_
라고 불리는 동네였다고 하는데 판테어로 '시장'이라는 뜻의
'구아_gua_'에서 유래된 이름이라고 한다.

세콘디-타코라디

웨스턴주의 주도는 세콘디_Sekondi_와 타코라디_Takoradi_이다. 세
콘디라는 말의 유래는 어원을 찾기 힘들지만 타코라디라는 말
에는 재미있는 어원이 있다.

원래 백인들이 들어오기 전에는 '아만뿔의 마을'이라는 뜻
인 아만뿔크로_Amanfulkro_ 또는 '나무 아래'라는 뜻인 은타코르와
연계하여 은타코라세_Ntakorase_라고 불렸다. 그러나 포르투갈인
은 이곳을 타카라다_Taccarada_라고 불렀다고 한다.

현지 이름인 '은타코라세'와 포르투갈인이 붙인 '타카라다'
라는 이름 모두 발음이 어려웠던 현지인과 외부인들은 두 이
름을 섞어 '타코라디'라고 불렀다고 한다.

코포리두아

코포리두아_Koforidua_는 이스턴주의 주도이다. 이름의 유래에

대해서는 두 가지 설이 있는데 사람 이름과 관련이 있다.

코피 오포리Kofi Ofori라는 사람이 큰 마호가니 나무 밑에 오두막을 지었다. 지친 농부들이 하루 일과를 마치고 그 밑에서 쉬어가곤 했는데 그때 '코피 오포리의 나무 밑에 쉬러 간다'는 말이 관용적으로 쓰이게 되었다고 한다.

또 다른 유래는 쿠쿠란투미Kukurantumi 추장의 아들 오포리Ofori가 마을을 만들었는데 그 마을의 이장을 '콰 오포리Kwa-Ofori(오포리의 신하)'라고 불렀다. 이 지역에 있는 큰 나무 밑에 시장이 형성되어 사람들이 모여들면서 지역이 번성해지자 이 지역을 '콰 오포리 두아 아세Kwa-Ofori-Dua-Ase(오포리의 신하 나무 아래)'라고 부르던 것이 코포리두아로 변형되었다는 설이다.

순야니

가나 중부 브롱아하포주의 주도인 순야니Sunyani는 아칸어 아순드웨Asondwaee의 영어화된 어근이다. 아순Ason은 '코끼리', 드웨dwaee는 '도살하다' 혹은 '껍질을 벗기다'라는 뜻이다.

이름에서 알 수 있듯 순야니는 영국에서 코끼리 사냥꾼들이 모여들어 정착한 곳이다. 아마도 여기서 도살당한 코끼리들의 상아가 코트디부아르의 상아 해안에서 거래된 것이 아닐까 하

는 생각이 든다.[●]

쿠마시

가나의 두 번째 수도인 쿠마시*Kumasi*는 중부 지역 아샨티주의 주도이자 가나의 많은 주요 도로가 한 곳에서 만나는 곳이다. 또 역사적으로 쿠마시 왕국이 부흥했던 곳이기도 하다.

17세기에 쿰*Kum* 나무를 세 곳에 심었는데 콰먼*Kwaaman*에 심은 나무가 크게 자라 왕과 신하들이 그 나무 아래(Kum-ase) 자주 모여 앉아있어서 지역 이름이 '쿠마시'가 되었다는 설이 있다.

타말레

가나 북부 지역 노던주의 중심 도시이자 교통의 결절인 타말레*Tamale*는 예로부터 시어 나무가 많은 곳이었다고 한다. 타마*Tama*는 '시아 열매'를, 일리*yilli*는 '산지'를 뜻한다고 하니 타

● 식민 침탈기 유럽인들은 서부 아프리카 해안 지역을 수탈품의 이름으로 불렀다. 가나에서는 금을 수탈하여 이 지역을 황금 해안(Gold Coast)으로 불렀으며, 이외에도 후추 해안, 노예 해안 등이 있다. 코트디부아르는 프랑스어로 상아 해안(Ivory Coast)이라는 뜻이다. 즉 코끼리의 상아를 많이 수탈한 역사가 남아있는 지명이다.

마일리*Tamayilli*가 변한 타말레는 '시아 열매 산지'라는 어원이라고 볼 수 있다.

호

가나 동부이자 볼타강 동부 볼타주의 주도인 호*Ho*는 굉장히 간단하고 유쾌한 이름이다. 호! 씨족 이름이라는 설과 에웨어로 '짐을 들고 이사하는 사람'이라는 뜻에서 유래했다는 설이 있다.

와

가나 어퍼웨스트의 주도인 와*Wa*는 왈리어로 '오다'라는 뜻이다. '우리는 춤을 보러 왔다'라는 의미인 '와카 엥 쏘리*Wakaa yeng seore*'가 요약된 형태라고 한다.

볼가탕가

볼가탕가*Bolgatanga*는 가나 어퍼이스트주에 있다. 볼가탕가의 시장 중심에는 크고 평평한 돌 하나가 있다. 이 돌은 이곳에 정착한 사람들이 집을 짓기 위해 땅을 파고 골랐던 곳과 가까운 위치에 놓여있다고 한다. 프라프라어로 볼가*Bolga*는 '진흙', 탕가*tanga*는 '돌'이라는 뜻이다.

아코솜보

볼타강과 볼타 호수 중앙에 아코솜보댐이 있다. 가나 전력의 대부분을 공급하는 수력 발전소가 있는 아코솜보*Akosombo*는 원래 은콘손콘손보*Nkonson-konson-bo*라고 불렸는데 이는 '암반의 연속'이라는 뜻이다. 토고 산맥과 아콰핌산 사이에 있는 협곡을 말하는 것이 아닐까 추정해본다.

호회

현재 베냉 지역에서 추장의 압제를 피해온 에웨인이 이 지역에 살고 있던 사람들과 평화롭게 지내고자 했으나 뜻대로 되지 않았다. 원주민과 갈등이 생기자 에웨인은 언덕으로 거처를 옮겼는데 '내가 이 땅 가졌다'라는 뜻의 '호회*Hohoe*'를 정착한 곳의 이름으로 지었다고 한다.

가나에 사는 민족과 그들의 말

2018년 기준으로 가나의 인구는 약 3,000만 명이다. 가나에 사는 10여 개의 민족 중 아칸인이 인구의 절반 정도인 47.5퍼센트를 차지한다. 그 뒤로 몰레-닥바니인이 16.6퍼센트, 에웨인이 13.9퍼센트, 가-아당베인이 7.4퍼센트를 차지하며 그 외에 구안인, 구마인 등이 있다.

가나에서는 영어가 공식어로 통용되지만 그들 사이에 쓰이는 약 열두 개의 민족 언어도 공인되어있다. 여기서는 각 민족별, 언어별 주요 특징을 살펴보고자 한다.

아칸인, 아칸어

아칸인은 가나 남부를 중심으로 코트디부아르 동부와 토고에 거주하고 있으며 인구는 2,400만 명 정도 된다. 이들은 아샨티인, 아콰핌인, 아큄보인, 콰후인, 아큄인, 판테인 등으로 분류된다.

원래 이집트 지역에서 살던 아칸인들은 5세기 악숨 왕국의 팽창으로 수단 지역으로 이동했는데 기원후 750~1200년 사이 이 지역에서 이슬람이 발흥하자 다시 한 번 민족 대이동을 해야 했다. 아칸인들은 사하라 사막 지역을 통과하여 오늘날의 코트디부아르 지역으로 이주했다. 이후 사바나 지역으로 이동한 아칸인들은 현대 가나 영토의 중부 지역에 자리 잡으며 현재까지 가나에서 가장 많고 주요한 민족으로 남았다.

역사적으로 아칸인은 일부 세력의 보노만 왕국, 아콰무 제국, 덴키라 제국, 아샨티 제국 외에 통일된 국가를 가지지 않았으나 니제르-콩고어족의 아칸어*를 사용하며 모계 사회의 전통과 같은 공통의 문화적 특질을 지니고 있다.

조상이 같다고 여겨지는 혈연 공동체인 씨족 속에서 분화된 여러 계급은 아칸인 사회의 정치 사회 기초 단위를 이룬다. 이 씨족들이 모여 마을이 되고 마을이 모여 지방 및 추장국을 이룬다.

---

* 대부분 취Twi라는 아칸어 분화형을 사용하며 그 외에도 취어와 비슷한 판테Fante어, 아콰템Akuapem어 등이 있다.

● 아칸인의 대이동

전통적으로 조상 숭배가 종교 의식의 중심이지만 우주를 창조한 최고신과 그 외 하위 신 및 혼령 숭배도 이루어진다.

아칸인이 자리 잡았던 가나의 중부 지역에는 금 매장량이 풍부해 금 교역이 경제의 중심 역할을 했으나 서양 세력의 진출로 노예 무역도 많이 이루어졌다. 아칸인의 지역에는 플랜틴과 타로, 토란 등 식용 작물의 종류가 많았으며 대외적으로는 코코아와 야자유를 교역하기도 했다.

현대에 이르러서 수도 아크라와 아칸 문화의 중심지 쿠마시를 포함한 가나의 중남부 지역은 경제 교류의 중심지 역할을 하고 있어서 북부 지역에 비해 부유하다. 그 결과 아칸인들은 우수한 교육을 받아 젊은 층 대다수가 영어를 유창하게 구사할 수 있으며 사회의 엘리트 계층을 형성하고 있다.

가나에서는 영어가 공식어이긴 하지만 현지 언어를 많이 쓴다. 아칸인은 아크라를 포함한 남부 지역 인구의 63퍼센트를 차지하고 그중 40퍼센트가 아칸어를 제1언어로, 나머지 40퍼센트도 제2언어로 사용하므로 가나에서는 다양한 방언을 포함하는 아칸어를 일상적으로 들을 수 있다.

대서양 노예 무역 당시에 아메리카 대륙으로 간 흑인 중 10퍼센트가 아칸인이었다. 또 서부 아프리카 대부분의 나라가 프랑스어권인 반면 가나는 영어를 사용하고 연구 환경이 안정적으로 조성되어있어 아칸어는 미국의 주요 대학에서도 연구되며 아프리카 언어 연구자들에게도 주요한 언어로 다루어지고 있다.

하지만 현재 위키피디아 영어 항목이 580만 건인데 반해 아칸어는 648건에 불과하며 개설된 항목도 몇 줄 되지 않는다. 이에 2019년 4월 가나 몇몇 젊은이들이 가나 사람들이 인터넷과 정보에 더 잘 접근할 수 있도록 위키피디아 항목들을 아칸어로 번역하는 데 나서고 있다는 소식이 독일의 국제 언론사 〈DW〉에 의해 보도되었다.[7]

이렇게 하나로 아우러지는 아칸인의 문화는 남아메리카와 카리브해 지역에서도 널리 발견된다. 우선 이 지역에 아칸어의 영향을 받은 언어가 많이 사용되며 아칸어 이름과 민화 그리고 독특한 주조 예술 등도 제작되어 향유하고 있다.

에웨인, 에웨어

에웨인은 가나에 가장 많이 살고 그 다음으로 토고에 많이 거주하고 있다. 에웨인의 거주지는 국경 형성으로 많은 영향을 받았고 이를 증명하듯 많은 에웨인이 토고와 국경을 맞대고 있는 볼타강 동쪽에 살고 있다.

이 지역의 지명 대부분이 에웨어에서 비롯되었는데 볼타주의 주도인 호가 대표적이다. 호는 씨족 이름이라는 설, 마른 풀 더미라는 뜻을 가졌다는 설 그리고 짐을 들고 이사하는 사람이라는 설이 있는데 개인적으로 마지막 설이 가장 끌린다. 왜냐하면 에웨인의 이주 역사와 맞닿아 있기 때문이다.

토고의 놋세Notse 지역에서 유래한 에웨인은 요루바인*이 베냉과 토고 지역으로 팽창하면서 좀 더 서쪽 지역인 가나의 호로 이주해야만 했다. 이들이 정착한 볼타주의 또 다른 도시 호회도 에웨어로 '내가 이 땅을 가졌다'라는 뜻이다.[8]

에웨인은 독립적이고 집단 정체성이 부족해 중앙 집권적인 정치 제도가 발달하지 못했고 가족은 부계 혈통의 전통하에 유지된다.

에웨인을 포함한 서부 아프리카의 몇몇 민족을 이야기할 때 빼놓을 수 없는 것이 '부두교'라는 종교이다. 부두Voodoo는 폰

• 현재 나이지리아 서부 지역에 살고 있는 나이지리아의 주요 민족

어, 에웨어 등의 서부 아프리카 언어로 '영혼'을 뜻하며 정령 신앙적인 요소를 가진 토착 종교이다. 지금도 부두교의 발상지 였던 베냉의 위다*Ouidah*나 토고의 로메*Lome*에 있는 부두교 시장 에 가면 주술적인 목적으로 판매되는 동물 사체를 볼 수 있다. 부두교는 아이티를 비롯한 카리브해 연안의 나라에도 광범위 하게 퍼져있는데 이는 노예 무역 당시 아메리카 대륙으로 팔 려간 흑인들이 그들의 정체성의 뿌리를 찾고 단결력을 높이기 위해 부두교를 선택했기 때문이다.

에웨어는 가나에서 제2의 다수 언어이며 이 언어를 쓰는 사 람의 절반이 토고에 살고 있다. 여러 가지 변이형이 존재하고 표준형이 정립되지 않은 아칸어와는 달리 에웨어는 표준형이 존재하는데 이는 이 지역이 독일 식민지였을 때 독일어 학습 에 반발하는 사람들이 선교회를 중심으로 에웨어를 적극적으 로 학습했기 때문이다.[9]

가-아당베인, 가어

가-아당베인은 아크라를 포함한 그레이터아크라주를 중심 으로 사는 민족으로 차드 호수 지역에서 왔다고 알려져 있다. 2000년도 인구 조사에 따르면 가어 사용 인구는 국가 전체의 4퍼센트도 되지 않으며 사용 지역도 아크라에 국한되어있다.

아크라는 현대적이고 국제적인 도시이지만 그곳에서도 가-아당베인은 바닷가를 중심으로 형성된 어촌 마을에서 전통적인 생활 양식을 따르고 가어를 사용하며 살아간다. 특히 제임스타운을 방문하면 이들을 만나볼 수 있다.

오브로니 *Obruni*

단어 그대로의 어원은 '사악한 사람'이라는 의미이다. 백인들이 제국주의의 손길을 뻗치자 '백인'을 일컫는 단어가 되었다. 하지만 제국주의 역사를 겪은 가나 선조와는 달리 제국주의 시대의 기억이 없는 현재의 가나인들은 오브로니를 흑인이 아닌 외국인을 통칭하는 데 사용한다.

가나 현지인들은 피부색이 다른 우리에게 관심을 가지고 말을 거는데 주로 '오브로니', '칭챙총', '니하오'라고 한다. 그들 눈에 동양인은 모두 중국인처럼 보이나 보다.

'칭챙총'은 중국어를 들리는 대로 표현한 말인데 서양인이 동양인을 비하하기 위해 만들었다고 하여 많은 사람이 기분 나빠하지만 워낙에 자주 듣는 말이라 그때마다 신경쓰면 가나에서의 삶이 피곤해질 수 있다. 그저 피부색이 다른 외국인에 대한 관심 혹은 호기심의 표현이라고 생각하는 게 정신 건강에 좋다.

기초 아칸어를 배워보자

아칸어	발음	의미
Wo ho te sɛn?	워호테쎈?	안녕하세요?
Ete sɛn?	에티쎈?	어떻게 지내세요?
Me ho yɛ	메호예	잘 지내요
Akwaaba	아콰바	환영합니다/반갑습니다
Yɛ frɛ me~	예 프레 메 ~	제 이름은 ~입니다
Medaase	메다씨	감사합니다
Mepaakyɛw	메파쵸	부탁합니다
Kosɛ=Kafra	코쎄=카프라	죄송합니다, 미안합니다
Aane	아네	네
Dabi	대비	아니요
Wofiri he?	워프리 헤?	당신은 어느 나라 사람입니까?
Mefiri Korea	메프리 코리아	저는 한국 사람입니다
Me nsa aka	멘사카	같이 먹어요
Boa me	보아 메	도와주세요

함께 생각하고 토론하기

아프리카는 지구에서 아시아 다음으로 큰 대륙인데도 하나의 국가, 통일된 문화를 가진 지역으로 인지되는 경우가 많습니다. 가나의 지리와 계절, 기후, 민족에 대해서 살펴보면서 한 나라 안에서도 몇 문장으로 정의할 수 없는 다양성이 존재한다는 것을 알았습니다.

● 평소 가나 혹은 아프리카에 관해 알고 있거나 상상했던 점 그리고 새로 알게 된 점에 대해서 이야기를 나눠봅시다.

●● 가나에 대해 새로 알게 된 사실 중 흥미롭거나 더 알고 싶은 점이 있다면 무엇인지 이야기해봅시다.

2부
가나 사람들의 이모저모

진정한 친구와 이웃은
어려움을 겪어봐야 안다.

가나의 교육 제도

유아, 아동기의 교육은 성장기의 학업 성취도 및 건강하고 건전한 삶을 사는 데 중요한 영향을 미친다. 이에 가나는 산모에게는 전액 유급 출산 휴가를 제공하고 2년간의 유치원 과정을 필수 과정으로 운영한다. 이런 점에서 가나는 다른 사하라 이남 아프리카 나라에 비해 나은 유아·아동 교육 체계를 가지고 있다고 할 수 있다.

또 가나는 우리나라와 동일하게 초등학교 6년, 중학교 3년, 고등학교 3년, 대학교 이상의 학위 코스 4년으로 학제가 구성되어있다. 그중 초등학교와 중학교 과정은 의무 교육으로 진행된다.

중학교 과정을 마치면 영어, 가나 언어와 문화, 사회, 과학,

● 가나의 학생들   (출처-Baganiah)

● 교복 차림의 학생들   (출처-OER Africa)

수학, 각종 기술, 종교 및 도덕 등 다양한 과목의 수료를 증명하는 *BECE* 시험을 치고 이를 통과한 학생은 일반 고등학교 또는 직업 및 기술 교육*TVET* 학교에 진학한다.

가나의 미래를 만들어내는 대학 교육

초·중·고등학교 과정 이후 대학에 진학하려는 학생들은 *WASSCE*(서부 아프리카 고등학교 수료 시험) 성적에 따라 대학에 입학한다. 가나에는 10개의 공립 대학과 40여 개의 사립 대학, 10개의 기술 관련 대학이 있다.

일반 대학 중 최고 수재들이 입학하는 대학은 가나대학교, 콰메 은크루마 과학기술대학교, 케이프코스트대학교, 위네바교육대학교 등이 있다.

가나대학교

가나가 영국의 식민지 골드코스트였던 1948년에 설립되었으며 당시에는 골드코스트대학교로 런던대학교의 감독을 받았으나 독립 후 가나대학교로 개칭하고 독립적 대학교로 운영되고 있다. 아크라의 레곤*Legon* 지역에 위치하고 있어 레곤대학교라는 별칭으로 불리기도 한다. 한국의 서울대학교에 해당하는 가나 최고의 대학교이며 지인가 열 명 중 서너 명 정도만 입학

● 가나대학교 도서관

할 수 있을 정도로 경쟁률이 치열하다.

가나대학교는 아프리카 내에서도 유수의 대학으로 손꼽히며 3만 8,000여 명의 학생이 재학 중인데 가나뿐 아니라 아프리카 내외 70여 개국 우수 학생들이 공부하고 있다.

교환학생 같은 제도를 활용해서 이곳에서 공부할 수도 있다. 우리나라는 한국외국어대학교가 학술 교류 협정이 체결되어있어 한국 학생들이 교환 학생으로 이 학교에서 공부하는 모습을 종종 볼 수 있다. 가나대학교는 가나의 현 대통령 나나 아쿠포아도*Nana Akufo-Addo* 대통령을 비롯한 수많은 정치인과 각종 사회 지도 계층을 양성해냈다.

콰메 은크루마 과학기술대학교

쿠마시에 있는 대학교로 아샨티주에서 가장 큰 대학교이다. 아샨티 제국의 왕 프렘페 1세Prempeh I는 근대화 사업의 일환으로 대학 설립을 구상했으나 실현하지 못했다. 이후 그를 이은 프렘페 2세Prempeh II에 의해 1949년 쿠마시 기술대학의 착공이 시작되었다. 1952년 첫 학생이 입학함으로써 프렘페 1세의 꿈이 이루어졌다. 런던대학교의 관리하에 운영되다가 1961년에 완전한 대학교 지위를 부여받았다.

콰메 은크루마 과학기술대학교는 2019년 11월 〈US News and World Report〉에 의해 가나와 서부 아프리카 최고의 대학으로 선정[10]되었으며 아프리카 지역에 있는 대학교 중에서는 12위를 차지했다. 또한 2018년과 2019년 범아프리카 대학 토론 대회에서 연속 우승을 차지했으며 코피 아난Kofi Annan 같은 걸출한 정치인과 학자 등 사회 지도층을 배출했다.

가나 학생들의 학교 및 방과 후 활동

다음에 나오는 20~30대 초반 가나 친구들의 이야기를 통해 가나의 학교와 청소년들의 생활을 생생하게 느껴볼 수 있다.

Q. 학교에서의 하루 일과에 대해 이야기해주세요.

– 초등학교와 중학교는 비슷하게 운영돼요. 하지만 가르치는 방식이나 체계는 조금 다르죠. 고등학교는 운영이나 가르치는 방식 등이 전혀 다르고요. 초등학교와 중학교를 예로 들면 사립과 공립 학교가 있어요. 그 둘도 전혀 다르고요. 제가 다닌 공립학교는 아침 7시까지 등교해야 해요. 지각하면 약간의 체벌이 가해지죠. 등교 후 한 시간 정도는 전체 학교와 교실을 청소해요. 학생들 각자에게 청소할 장소가 정해지죠. 수업은 8시부터 11시 30분까지이고, 점심시간은 12시 30분까지예요. 그리고 2시 30분까지 수업을 해요.

Q. 학교에서 어떤 과목의 수업을 들었나요?

– 중학교에서 열 개 과목을 들었어요. 수학, 영어, 사회, 종교, 도덕, 통합 과학, 가나 언어, 프랑스어, 직능 교육, 농업 과학, 기초 기술 과목이요.

– 수학, 사회, 과학, 영어, 도덕 등 과목이 있었고 하루에 서너 과목의 수

업이 있어요.

– 저희 학교는 8시부터 3시까지 수업을 했는데 수학, 영어, 과학 수업이
있었고 예술, 경제 등은 선택 과목이었어요. 굉장히 학구적인 학교였기
때문에 체육 활동은 따로 수업 과정에 편성되어있지 않았죠.

Q. 수업 후에는 어떻게 보냈어요?

– 축구를 하거나 책을 읽었어요.

– 책도 읽고 노래도 들었어요. 친구들이랑 어울려서 해변에 가기도 했고
요. 악기 연주, 춤추기, 에어로빅 등 학교에서 할 수 없는 활동을 했죠.

– 저는 학교를 다니면서 구직 활동을 했기 때문에 바쁜 편이었어요. 취미
는 영화를 보고 노래를 듣고 소설책을 읽는 것이었죠.

– 귀가 후 저는 어머니 일을 도왔어요. 밤 7시쯤 되어서야 과제도 하고
공부를 했죠. 11시까지요. 11시에 잠들어 5시에 일어나 학교 갈 준비를
했어요.

Q. 중학교나 고등학교 또는 기술학교를 마친 후 7나나 청소년들은 취직을
하나요? 아니면 대학교에서 공부하는 것을 더 선호하나요?

– 선호도는 반반인 것 같아요. 사실 많은 사람이 더 공부하기를 바라지
만 여러 제약 여건 때문에 바로 일을 구하기도 하고 가족의 일을 돕기
도 하죠.

Q. 인기 있는 전공은 무엇인가요? 그리고 여학생과 남학생 사이에 차이가 있나요?

- 여학생에게는 일반 예술이나 인문학이 인기가 있고, 남학생에게는 일반 과학이 인기 있어요.

- 여학생이나 남학생 간 차이는 별로 없고 취향에 따라 결정돼요.

- 일반 예술과 경영학이 인기 있어요.

- 대학 전공은 정말 다양해요. 공학과 관련된 것이 많기는 해요. 대학에 가지 않는 학생들은 간호 기술을 배워요. 간호 기술은 남학생 여학생 모두에게 인기가 많아요.

- 고등학생의 경우 남학생들은 시각 예술을, 여학생들은 가정학을 좋아해요.

- 수학과 과학이요. 남녀 학생 모두에게 인기가 있어요.

어느 나라나 학생들은 비슷한 취미 생활과 학교생활을 보내고 있는 듯하다. 얼마 전 한국에 살고 있는 두 아프리카인의 인터뷰 영상을 본 적 있는데 그 나라에서는 어떻게 노느냐고 물었더니 "한국이랑 똑같아요!" 라고 했다.

멀리 있어 잘 알 수 없는 그들도 우리와 별 다를 것 없는, 비슷한 시대를 함께 살아가는 사람들이라는 것을 새삼 깨닫게 하는 설문 조사였다.

가나가 사랑하는 스포츠, 축구

가나에서 가장 인기 있는 스포츠는 축구이다. 가나의 축구 국가 대표 팀은 '검은 별'이라는 별칭으로, 가나 U-20 축구 국가 대표 팀은 '검은 위성'이라는 별칭으로 불린다. 가나는 아프리카 나라 중에서 손꼽히는 축구 강국이다. 월드컵 본선에는 세 번밖에 출전하지 못했지만 2006년 16강 진출, 2010년 8강 진출로 카메룬, 세네갈에 이어 월드컵 8강에 오른 세 번째 아프리카 팀이 되었다.

이후 조별 리그 탈락, 지역 예선 탈락 등 국제 축구계에서는 성과가 좋지 않지만 아프리카 나라들이 함께하는 아프리카 네이션스컵축구대회에서는 1963년부터 최근까지 스무 번 출전해 우승 다섯 번, 준우승 다섯 번을 거머쥐었다. 또한 자국

● 축구 강국 가나

리그에서 활동하는 선수들만 참여하는 아프리카네이션스챔피언십 본선에서는 2009년과 2014년 두 차례 준우승을 거두었다.

1992년 하계 올림픽에 참가한 U-23 축구 국가 대표팀은 아프리카 팀으로는 최초로 동메달을 땄고 2009년 U-20 월드컵에서는 우승을 차지하는 등 젊은 축구 선수들의 성과도 주목할 만한데 이는 아마도 가나 사람들이 생활 체육으로써의 축구를 너무나도 사랑하기 때문일 것이다. 푸른 잔디밭부터 도로가 유실되어 생긴 구멍이 가득한 길거리, 붉은 진흙 운동장, 해변가 등 언제 어디서나 축구하는 사람들을 볼 수 있다는 것이 이를 증명해준다.

한국 내 가나 학생 커뮤니티인 가스카와 축구 팬이 많은 인터넷 커뮤니티에서 가나 축구 선수 중 가장 유명한 사람이 누구냐고 물어보니 대부분이 마이클 에시앙*Michael Essien*이라고 대답했다. 마이클 에시앙은 미하엘 발락*Michael Ballack*, 프랭크 램파드*Frank Lampard*, 클로드 마켈렐레*Claude Makélélé*와 함께 첼시의 초기 황금기를 이끈 미드필더로 유명한데 이 네 명의 선수를 묶어 '시발람마'라고 부른다.

거친 태클로 유명한 마이클 에시앙은 주로 광역 미드필더로

● 축구공을 안고 있는 아이들

기용되었으며 '들소'라는 별칭으로도 알려져 있다.[11] 가나의 리버티 프로페셔널스에서 프로 데뷔를 했고 프랑스에서 활동하다가 2005년 첼시로 입단했는데 당시 아프리카 선수로는 역대 최고 이적료 기록을 세웠다고 한다. 2006~2007, 2008~2009 시즌에 첼시 올해의 골 득점자로 두 번이나 이름을 올렸고 2006년 BBC 아프리카 올해의 축구 선수로 선정되기도 했다. 현재는 덴마크의 FC 노르셸란에서 코치로 활동하고 있다.

우리나라와 가나 축구 대표 팀은 2006년 월드컵 직전 평가전을 치렀는데 이 경기에서 한국 팀의 이을용 선수가 골을 넣었지만 가나 팀의 마이클 에시앙, 설리 알리 문타리Suleyman Ali "Sulley" Muntari, 아사모아 잔Asamoah Gyan이 득점을 해 1대 3으로 한국 팀이 패배한 바 있다.

세계 무대에서 뛰고 있는 현역 선수 중에는 기성용 선수와 스완지에서 함께한 바 있는 안드레 아유*Andre Ayew*, 조르당 아유*Jordan Ayew* 형제와 뮌헨의 제롬 보아텡*Jéreome Boateng*, 그의 이복 형제로 가나를 선택한 케빈 프린스 보아텡*Kevin-Prince Boateng* 등이 유명하다. 그 외에 토마스 파티*Thomas Partey*, 아베디 펠레*Abedi Pele*, 코조 포쿠*Kojo Poku Mahala*, 코피 아방가*Kofi Abanga*, 찰스 테일러 *Charles Taylor*, 다다 돈 보티*Dadda Don Bortey*, 임마누엘 파포*Emmanuel Pappoe*, 프린스 타고*Prince Tagoe*, 스티븐 오두로*Stephen Oduro*, 오세이 코피*Osei Kofi*, 무하메드 폴로*Mohammed Polo* 등 가나에는 실력이 출중하고 유명한 선수가 많이 있다.

가나에서 여성으로 산다는 것

아프리카 여성의 삶을 다룬 영화 중 〈아잘리*Azali*〉는 가나가 배경이다. 가나 감독이 만든 이 영화의 주인공은 조혼을 피해 고향을 떠나는 가나 북부 시골 마을의 소녀 아미나이다. 집을 나온 그녀는 인신매매가 될 뻔했다가 겨우 도망쳐 아크라의 빈민촌에 정착했지만 그곳에서도 성 착취의 위험에 처한다. 이미 그곳에는 경제적 필요에 의해 성매매를 하는 여성이 많았는데 영화는 이들의 모습을 잔잔히 보여준다.

영화는 약간의 반전과 삶의 일부로서 흘러가는 행복 요소만 있을 뿐 극적 반전은 없다. 아미나는 고향으로 다시 돌아왔지만 그녀의 삶이 이전보다 쉽게 그리고 좋은 방향으로 흘러갈 거라고는 아무도 장담할 수 없을 것이다. 영화이기에 현실

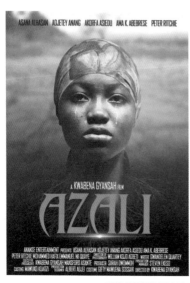

ASANA ALHASAN   ADJETEY ANANG   AKORFA ASIEDU   AMA K. ABEBRESE   PETER RITCHIE

A KWABENA GYANSAH FILM

AZALI

ANANSE ENTERTAINMENT PRESENTS ASANA ALHASAN ADJETEY ANANG AKORFA ASIEDU AMA K. ABEBRESE
PETER RITCHIE MOHAMMED HAFIZ EMMANUEL NII QUAYE MUSIC WILLIAM KOJO AGBETI WRITER GWANDELEN QUARTEY
EDITOR KWABENA GYANSAH MANSO FERD ASANTE PRODUCER SARAH OWUSUAH PRODUCER STEVEN EKESO
CASTING MAWUKO KUADZI PRODUCTION ALBERT ADJEI COSTUME GIFTY MANUENA SOSSAH DIRECTED BY KWABENA GYANSAH

● 영화 〈아잘리〉 포스터

보다 조금 더 과장된 면이 있을 수 있다는 생각이 들어 CNN의 크리스티안 아만푸어Christiane Amanpour가 취재한 다큐멘터리 〈지구촌 성 풍속도Sex & Love Around the World〉 시리즈 중 아크라 편을 보았다.

이 다큐멘터리에는 많은 여성의 인터뷰가 포함되어있는데 이를 통해 가나에서는 경제적 이유로 남성은 부인과 정부 그리고 여자 친구를 두는 것이 암묵적으로 용인되고, 여성은 남성에게 식사와 성적 만족을 제공하는 역할을 충실히 해내야 한다는 관념이 만연해있다는 것을 알 수 있었다.

가나에서의 여성의 위치를 파악하기 위해 좀 더 공신력 있는 수치를 살펴보면 1979년 가나 정부는 여성의 사회적 참여를 높이기 위해 할당량을 설정했고 이를 통해 주, 공공 위원회, 의회, 위원회에 참여하는 여성의 비율은 40퍼센트를 달성했다. 하지만 2020년 입법부 위원 중 여성은 13.1퍼센트에 불과하다.[12] 세계경제포럼의 2017년 글로벌성별격차 보고서를 보면[13] 가나는 르완다, 나미비아 같은 다른 사하라 이남의 아프리카 나라보다 여성 참정률이 떨어진다.

가족 구조 또한 부계 질서 속에서 일부다처제가 공공연히 이루어지고 가정 폭력 또한 심심찮게 벌어진다. 가나의 아동 보호법은 아동 결혼을 금지하고 있지만 2014년 기준 20퍼센트의 소녀가 18세 생일 전에 결혼을 했다.[14] 저학력자일수록 조혼이 많이 이루어졌으며 출산하는 자녀의 수도 많다고 한다. 유네스코의 2018년 조사에 따르면 가나 성인 남성의 문해율은 83.52퍼센트, 성인 여성의 문해율은 74.47퍼센트로 10퍼센트 가까이 차이 났으며[15], 특히 빈곤층에서는 31퍼센트의 여성만이 글을 읽고 쓸 줄 아는 것으로 나타났다.

고용 시장에서도 여성은 남성에 비해 임금 및 근무 여건이 열악한 환경에서 일하거나 비공식 부분에서 일하는 비율이 높다. 교육을 받지 못해 제대로 된 일자리를 얻지 못하고 일찍 결혼한 여성들은 아이를 많이 낳고, 형제자매가 많은 가난한 집에서 태어난 아이들은 인신매매되거나 성적, 경제적으로 착취당한다.

영화 〈아잘리〉를 포함한 아프리카 여성과 관련된 다양한 영화를 보면서 나에게 양성평등이란 '하면 좋은' 수준의 도덕적, 윤리적 관념이지만 어떤 이에게는 생존을 위한 것일 수도 있다는 생각이 들었다. 사회적 약자에게 관심을 가지고 있다면 전 세계 인구의 절반을 차지하는 여성에 대한 평등권 문제에도 관심을 가져보자!

가나의 물가

가나에서는 세디*Cedi*라고 부르는 화폐를 쓰며 GHS 혹은 ₵로 표기한다. 현재 쓰이는 세디는 2007년 화폐 개혁을 통해 도입했으며 1, 5, 10, 20, 50, 100, 200세디의 지폐 7종과 1세디, 1, 5, 10, 20, 50페세와*Pesewa*의 동전 6종으로 구성되어있다. 참고로 1세디는 100페세와이며, 2021년 4월 기준 1세디는 한국 돈 193원 정도 된다*. 내가 가나에 있었던 2015~2016년에는 1세디가 한국 돈 300~330원 정도였다.

경제 수준이 한국에 비해 떨어지므로 아프리카 나라들의 물

● 가나 화폐의 가치가 지속적으로 떨어지고 있다는 점을 고려하면 이 책이 출간될 때는 변동될 수 있다.

● 가나의 세디

가는 한국보다 훨씬 저렴할 거라고 생각하는 사람이 많다. 그
러나 제조업과 같은 산업 기반이 약해 공산품을 대부분 수입
에 의존하고 자국 화폐 가치가 환율 변동에 큰 영향을 받으며
지속적으로 하락하는 지역 특성상 아프리카 지역의 공산품 가
격은 꽤 비싼 편이다. 또 빈부 격차가 심해 외국인이 가나에서
안전하고 만족스럽게 살려면 평범하게 사는 현지인보다 생활
물가를 훨씬 많이 쓰게 된다.

　세계 각국의 물가를 비교하는 리빙코스트 사이트●에서 한
국과 가나의 물가를 비교해보면[16] 가나 391달러, 한국 2,196

● livingcost.org

달러로 세후 월 소득이 5배 이상 차이 나지만 1인당 생활비는 각각 704달러, 1,104달러로 1.5배 정도밖에 차이 나지 않는다. 빅맥 가격*으로는 가나가 6.26달러, 한국이 5.22달러이고, 시내 방 세 개짜리 아파트는 각각 1,088달러, 1,054달러로 가나가 더 비싼 편이다.

나는 가나에서 월급을 달러로 받았는데 사실 가나의 화폐 가치가 떨어진다는 것은 100달러로 바꿀 수 있는 현지 화폐가 많아진다는 뜻이다. 잠깐 살다 떠날 외국인으로서는 좋았으나 현지인들의 거주 안정성은 떨어진다는 뜻이었으니 마음이 불편했다. 2011년 1달러에 1세디대였던 환율이 2020년에는 5세디대 후반이 되었는데 이는 가나 화폐의 가치가 지속적으로 떨어지고 있다는 것을 보여준다.[17]

외국인이 아크라에서 살아가는 데 필요한 생활 물가는 꽤 비싸다. 경비가 따로 고용된 방 두 개, 화장실 두 개, 거실과 주방이 있는 주택의 월세는 2,000달러가량(한국 돈으로는 약 240만 원)이었으며, 외식비는 한 끼에 최소 8달러(한국돈으로 약 1만 원) 정도로 한국과 비슷한 수준이었다. 다만 현지식이나 길거리 가게에서 파는 야채와 열대 과일은 엄청 저렴해 잔뜩 먹을 수 있

* 빅맥 지수는 세계 많은 나라에서 팔리는 빅맥의 가격을 서로 비교할 수 있게 수치화한 것으로 각국의 물가를 비교하는 데 유용하다. 가나에는 맥도날드가 없어 빅맥 가격은 가정적으로 계산된 수치이다.

었다. 가나 현지인들이 많이 사용하는 대중교통 승합차인 트
로트로도 기본요금 1세디대부터 시작해서 돌아다니기 좋아하
는 나로서는 꽤 가성비 좋게 이용할 수 있었다.

가나 화폐를 장식하고 있는 6인의 지도자들

가나의 지폐 앞면에는 가나 독립에 지대한 영향을 끼친 여
섯 명의 지도자 '빅 식스*The Big Six*'와 독립문이, 뒷면에는 아코
솜보댐, 가나대학교 도서관, 가나은행, 가나 대법원, 크리스티
안보르그성*이 그려져 있다.

화폐 앞면을 장식하
고 있는 인물들은 누구
일까? 영국령 골드코스
트 및 현대 가나의 정치
가인 콰메 은크루마, 임
마누엘 오베체비 램프
티*Emmanuel Obetsebi-Lamptey*,
윌리엄 오포리 아타*William
Ofori Atta*, 에드워드 아쿠

● 가나 화폐에 있는 6인의 지도자

● 가나 아크라의 오수 지역에 위치하여 오수성이라고도 부른다.

포 아도*Edward Akufo-Addo*, 에베네치 아코 아제이*Ebeneze Ako-Adjei*, 조셉 보아케 단콰*Joseph Boakye Danquah*이다.

이 여섯 명의 지도자를 이어주는 것은 통일골드코스트회의*UGCC, United Gold Coast Convention*이다. 골드코스트의 정당이었던 통일골드코스트회의는 1947년 일어난 최초의 민족주의 운동의 중심점이 되었고 이들이 정당 창립에 큰 공헌을 세웠다.

무늬개오지조개

세디는 아칸어로 '무늬개오지조개'를 뜻한다. 개오지조개는 기원전 16~15세기 중국 은나라에서도 화폐로 사용될 정도로 귀하게 여겨졌는데 오늘날 화폐와 관련된 한자에 '조개 패(貝)'자가 쓰이는 이유도 이와 관련 있다.
이외에도 이라크의 선사 시대 유적지, 동남아시아, 아프리카 등지에서도 이 조개가 많이 발견되었다.
서부 아프리카 지역에서도 약 8세기부터 화폐 기능을 한 무늬개오지조개가 조형성과 주술적 상징성 등의 이유로 각종 장식품, 장신구에 많이 활용되었다.

가나 사람들의 경제생활

세계의 여느 나라와 같이 가나에서도 빈부 격차를 크게 느낄 수 있다. 아크라 내에서도 부촌이 위치한 이스트 레곤East Legon과 라보니 지역은 전통적으로 가Ga인들이 살아온 바닷가 마을 제임스타운과 분위기가 사뭇 다르다.

남북의 격차도 큰 편이다. 큰 항구와 수도가 있어 지적, 물적 교류의 중심이 되는 남부 지역과 상대적으로 이런 혜택에서 멀리 떨어진 북부 지역의 경제 상황은 다르다.●

가나의 산업을 살펴보면 2019년 기준 서비스업과 같은 3차

● '육체적 능률을 유지하는 데 필요한 최소한도의 생활 수준'을 뜻하는 절대적 빈곤선을 하루 1.9달러로 본다며 2019년 기준 11.1퍼센트의 가나 인구가 빈곤선 이하의 생활을 한다고 한다.

산업의 비중은 44.1퍼센트, 제조업, 광업 등과 같은 2차 산업의 비중은 31.9퍼센트이며, 농업, 수산업, 축산업 등 1차 산업의 비중은 17.31퍼센트를 차지한다.[18]

서비스업[19]

가나의 대표적인 서비스업으로는 금융업, 정보 통신 기술 관련 산업, 관광업, 교통 산업 등이 있다. 비교적 안정된 가나의 정치·경제적 상황은 서비스 업종의 안정적 성장에 긍정적인 영향을 미쳤지만 상대적으로 부족한 사회 인프라로 인해 사회 전반적인 분야에서 부의 이동은 제한적인 편이다.

정부는 지난 몇십 년 동안 금융 서비스업이 발전을 위해 이 사율을 낮추고 회계 및 보고를 위한 표준 절차를 수립하는 등 여러 제도를 마련했다. 이는 국내 및 해외 은행들이 시장에 쉽게 진입할 수 있도록 만들었다. 또 가나 정부는 투자를 유치하고 민간 부문의 성장을 촉진시키기 위해 정보 통신 기술(ICT) 관련 산업을 적극 지원하고 있다. 관광업은 외화의 주요한 수입원이다. 교통 산업에서도 가나 정부의 꾸준한 인프라 투자가 이루어지고 있다.

이뿐 아니라 국가 경제 통계에는 잡히지 않지만 가나의 길거리에 즐비한 작은 규모의 구멍가게, 머리 위에 바구니를 얹고 1~2세디짜리 상품을 파는 아주머니 등 수없이 많은 소규모의 소매상도 서비스 업종의 주요 구성원임이 분명하다.

제조업

가나에서 제조업은 전자, 자동차, 식품 등의 제조업과 알루미늄 제련업으로 이루어진다. 가나에서 제조된 상품이 다른 서부 아프리카 지역으로도 수출될 정도로 가나는 크고 활동적인 제조업 기반을 가지고 있다.

제품의 자유로운 수출입을 위해 자유 무역 지대가 만들어졌고 오랫동안 안정적인 민주주의를 유지함으로써 다국적 기업과 외국인의 투자도 활발하게 이루어지고 있다.

광업

가나에는 원유, 천연가스, 금, 보크사이트, 다이아몬드, 망간 등이 풍부한데 그중 금이 광물 생산액 중 90퍼센트[20]를 차지하는 아프리카 제일의 황금 생산지라고 할 수 있다.

광산업의 디지털 네트워크 커뮤니티인 마이닝글로벌에 따르면 가나의 금 매장량은 1,000톤으로 추정[21]되며 2019년 기준

142.4톤[22]의 황금을 생산했다.

가나에서는 곡물이 가장 많이 생산되고 뿌리나 덩이줄기, 채소류, 과일, 카카오[23] 등이 그 뒤를 잇는다. 옥수수, 얌, 카사바, 쌀, 코코얌(타로), 플랜틴 등 내수용 식량 작물이 남부 해안 지역에서 경작되며 북부 지역에서는 쌀, 수수, 참마, 토마토 등 대외 수출을 위한 작물이 재배된다. 다만, 식량 자급률은 높지 않은 편이어서 수요의 많은 부분을 수입에 의존한다.

가나는 세계 2위의 코코아 수출국이며 국제 시장에서 톤당 가격이 가장 높을 만큼 우수한 품질을 자랑한다. 이외에 서부 아프리카와 중앙 아프리카 지역에 널리 퍼져있는 시어 나무에서 시어넛이 열리는데 여기서 추출된 시어버터는 음식에 사용하기도 하지만 피부를 촉촉하고 부드럽게 관리하는 데 효과가 있어 화장품이나 비누 등으로 제조하기도 한다. 또한 열대 과일인 파인애플과 망고 등도 풍부하게 생산된다.

축산업

가나 농가에서는 소, 돼지, 닭, 염소, 양 등을 함께 기르는 경우가 많다. 시골 지역에서 가축을 기르는 것은 우유, 계란 등을 획득함으로써 지속 가능한 경제생활을 가능하게 할 뿐 아니라 중요한 식량 공급원으로서의 역할을 한다.

수산업[24]

2019년 기준 가나의 수산업 인구는 전체 인구의 약 10퍼센트 수준인 240만 명이다. 가나 사람들은 수산물을 통해 동물성 단백질을 공급받는다. 다만 불법 조업 및 밀수출 등으로 자원 고갈이 심화되고 있어 대안 마련을 촉구하는 목소리가 높다.

임업[25]

2018년 기준으로 볼 때 가나의 숲은 전체 토지 면적의 35퍼센트[26] 정도이며 300만 명이 넘는 가나인이 임업에 종사한다. 숲에서는 식량, 연료, 의복, 천연 의약품 등을 얻을 수 있으며 인접 거주민들 또한 혜택을 받는다. 티크, 유칼립투스, 아카시아 같은 종은 수출용 목재로 대규모 조림되기도 한다. 하지만 지속적인 삼림 벌채로 인해 전국의 산림률은 점차 줄어들고 있다.

서아프리카경제공동체[27]

아프리카 나라들의 국경은 대부분 1884년 개최된 베를린-서아프리카회담*에 의해 결정되었다. 이 국경은 지리적 특성이나 민족 구성 등을 고려하지 않고 결정된 것이기 때문에 아프리카의 각 지역마다 국경과 상관없이 공유되는 민족적 정체성과 문화가 존재한다.

서부 아프리카에서도 이러한 특징으로 정치·경제적인 협력과 공동 번영을 위한 움직임이 20세기 중반부터 생겨났다.

가장 먼저 시작된 것은 서부 아프리카 지역 프랑스어권 나라들의 단일 통화인 *CFA* 프랑이었다. 이후 1964년 라이베리아 대통령 윌리엄 터브만*William Tubman*이 서아프리카경제연합 결정을 제안해 1970년대에 실현되었다. 1972년부터 나이지리아와 토고 대통령이 이 지역을 순회하며 초안을 작성했다. 이것은 1975년 서아프리카경제공동체*ECOWAS, Economic Community of*

* 콩고회담, 베를린회담이라고도 부른다.

*West African States*를 탄생시킨 라
고스 조약의 기초가 되었다.
라고스 조약은 경제 협력을 위
한 구상이었으나 이후 정치·
사회적으로까지 협력 범위가
확장되었다. 현재 서아프리카
경제공동체에는 서아프리카보
건기구*WAHO*, 서아프리카통화

● 서아프리카경제공동체의 상징

청*WAMA*, 서아프리카경제공동체 젠더 및 개발센터*EGDC*, 재생 가
능 에너지 및 에너지 효율성을 위한 지역센터*ECREEE* 등 다양한
의제를 다루는 10여 개의 산하 기관이 존재한다.

서아프리카경제공동체에는 가나를 포함해 감비아, 기니, 기
니비사우, 나이지리아, 니제르, 라이베리아, 말리, 베냉, 부르키
나파소, 세네갈, 시에라리온, 카보베르데, 코트디부아르, 토고
가 가입되어있으며 본부는 나이지리아의 아부자에 있다. 서아
프리카경제공동체는 입법, 사법, 행정 부서로 구성되어 운영되
며 세 조직은 15개국의 수장 중 선출된 자가 이끈다.

가나에서는 1994~1996년까지 제리 존 롤링스*Jerry John Rawlings*
대통령이, 2003~2005년까지 존 쿠포르*John Kofi Agyekum Kufuor* 대
통령이, 2014~2015년까지 존 마하마*John Mahama* 대통령이 의장
을 맡았다.

가나 앞바다의 해적들

2020년 8월, 가나 근해에서 납치되었던 한국 선원 두 명이 풀려났다는 소식을 통해 다시 한 번 가나가 한국 뉴스에 오르내렸다. 원래 동부 아프리카의 소말리아 연안이 해적의 주요 출몰지였으나 소말리아를 포함한 국제 사회의 초국적적인 노력 덕분에 이 지역에서의 해적 행위는 줄어들었다.

반면 서부 아프리카에서의 해적 행위는 조금씩 증가하고 있다.[28] 서부 아프리카에서의 해적은 대부분 석유 및 가스 운송선과 관련이 있는데 간혹 소규모 어선도 표적이 되기도 한다. 이런 소식들로 인해 서부 아프리카 지역이 위험하고 관리되지 않는 곳으로 인지되는 듯하다.

하지만 서부 아프리카 나라들 입장에서는 억울하다. 보통 해적 행위가 일어나는 해상은 해안선에서 12해리 이상 떨어진, 어떤 나라의 관할권에도 미치지 않는 공해인 경우가 많고 해적 행위가 벌어질 경우에도 납치당한 선원들이 속한 나라와 함께 공권력을 발동하여 이들의 구출에 힘쓰는 경우가 많기 때문이다.

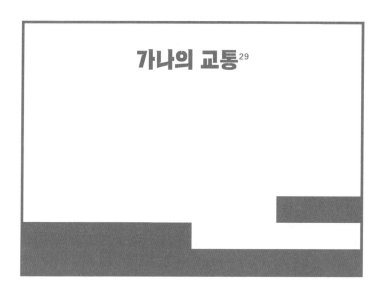

가나의 교통[29]

가나의 도로망은 6만 4,323킬로미터로 가나 국내뿐 아니라 토고나 코트디부아르, 부르키나파소와도 연결되어있어 인접 국가로도 육상 이동이 가능하다.

가나 사람들이 주로 이용하는 대중교통은 택시, 트로트로, 버스 등이 있다. 버스는 주로 장거리 노선으로 상대적으로 요금이 비싸다.

현지에서 가장 보편적으로 이용되는 교통 수단은 트로트로이다. 일반적으로 기사 한 명과 차장 한 명에 12~15명의 승객을 실을 수 있는데 지방으로 갈수록 더 많은 승객을 실어 나른다. 각 하차 지점마다 안쪽에서 내리는 사람을 위해 통로를 만들어주이야 하며 테트리스 조각처럼 매번 자리를 바꾸며 빈자

● 가나의 대표적인 교통 수단 트로트로

리를 채워 앉는 구조이다. 차장은 차 밖으로 손을 내밀어 행선지를 외치고 하차 지점에 따라 요금을 차등해서 받는다.

현지인이 아닌 이상 도시 내 트로트로의 노선은 알기 힘들다. 지방으로 가는 트로트로도 승객이 다 차면 출발하므로 언제 출발할지 알 수 없어 몇 시간을 기다리기도 한다. 아크라 내 대표적인 트로트로 정류소로는 37, 서클, 아크라, 마디나 등이 있는데 이곳에는 수많은 상인과 사람으로 분주해 활기를 느낄 수 있다.

여느 대도시와 마찬가지로 아크라의 교통 체증은 굉장히 심한 편이다. 빠른 도시화뿐 아니라 상대적으로 열악한 교통 체계, 도로 사정 등으로 평일 출퇴근 시간의 도로는 주차장이 되

● 코토카국제공항   (출처-Sm105)

다시피 한다.

철도[30]는 1957년 독립 이후 거의 발전하지 않았으며 많이 이용되지도 않고 있다. 철도가 운행되는 지역도 아크라에서 쿠마시, 타코라디 등 남쪽 평야에만 국한되어있다. 정부는 새로운 철도 노선의 개발 및 현대화에 초점을 맞추어 2013년 12월 철도 종합 기본 계획을 설계했고 2016년부터 시행했다. 이에 따르면 전국적인 철도 구축에 6단계 계획을 세우고 2047년까지 전국 철도 범위를 4,000킬로미터 이상으로 늘리는 것이 목표이다.

아크라에는 코토카국제공항이 있어 국제선 승객들이 가나로 들어오는 관문 역할을 한다. 한국에서는 주로 아랍에미리트의 두바이를 경유하거나 에티오피아의 아디스아바바를 경유하여 가나에 입국할 수 있다. 1958년 정부는 국영 가나항공사를 설립하였으나 관리 및 재정상의 어려움으로 인해 2004년 운영을 중단했다.

아크라 외에도 타말레, 쿠마시, 순야니 등에 지방 공항이 있다. 아프리카월드항공, 안트락항공 등 민영 항공사가 국내와 인접 국제공항으로의 여객 수송을 담당한다.

테마와 타코라디에는 큰 항구가 있는데 이곳을 통해 가나뿐 아니라 가나 북부 내륙 국가와의 수출·수입 물품이 드나든다. 볼타강, 안코브라강 등 수로를 통해 화물을 내륙으로 이송하기도 한다.

라탄트디씨10 레스토랑

아크라의 코토카국제공항 건너편에는 연두색의 크고 멋진 비행기 한 대가 세워져 있다. 이것은 하늘을 나는 비행기가 아닌 땅 위에서 사람들에게 맛있는 음식을 제공하는 라탄트디씨10 레스토랑이다. 비행기의 선체는 지금은 운영을 중단한 국영 항공사인 가나항공사의 DC10 기종이며, 내부에서는 졸로푸, 반쿠 등의 현지식이나 스파게티, 스테이크 등의 양식을 판다. 각종 파티, 모임 장소로 대여도 가능하다.

그저, 그곳에서 살아가는 난민들[31]

난민이라고 하면 부서진 건물의 잔해를 배경으로 포성이 울리고 거뭇거뭇하게 때 낀 얼굴의 울고 있는 아이들이 생각날 것이다. 하지만 세상에는 '평화롭게 그저, 살아가는' 난민도 있다. 그들은 바로 유엔난민기구에 의해 '장기화된 난민 상태'라고 명명된 상황에 놓여있는 사람들이다.

내전과 같은 사회 불안정의 상황이 끝났는데도 정치·사회적 이유로 자국에 돌아갈 수 없는 사람들. 터 잡은 나라의 난민촌에서 오랫동안 살아온 터라 오히려 자국이 멀게만 느껴지는 사람들. 그런 상태에 놓인 사람들이 2019년 기준 전 세계 난민 인구인 7,950만 명[32] 중 절반에 해당한다. 그리고 그들 중 73퍼센트를 인접국에서 수용하고 있다.

● 난민 캠프 내 초등학교 학생들　　　　　　　　　　(출처-Karrus Haye)

　　2019년의 통계[33]에 따르면 가장 많은 난민을 수용하고 있는 나라는 터키, 파키스탄, 우간다, 독일, 수단, 이란, 레바논, 방글라데시, 에티오피아 등이고, 상위 25개국으로 범위를 넓히면 위의 아프리카 세 나라 외에도 콩고민주공화국, 차드, 케냐, 카메룬 등 아프리카 지역에서만 10개국이 포함되어있다. 게다가 전 세계 150개 가까운 난민 캠프 중 3분의 2가 아프리카 지역에 위치해 있기도 하다. 현실이 이런데도 난민 문제가 비교적 최근에서야 국제적인 이슈가 된 것은 이들이 서방 세계로 유입되었기 때문이다.

　　서부 아프리카에서도 손꼽히는 평화로운 나라인 가나에도

1만 3,000명이 넘는 난민들이 살아가고 있다. 2020년 세계 난민의 날인 6월 20일에 난민에 대한 책이 한국에서 발간되었는데 이 책 덕분에 나는 장기화된 난민 문제를 알게 되었다. 더구나 이 책의 배경이 되는 난민촌이 가나에 있다. 그것도 내가 평온하게 살았던 아크라 부촌의 고급 주택에서 한 시간도 떨어져 있지 않은 곳에.

《아프리카인, 신실한 기독교인, 채식주의자, 맨유 열혈팬, 그리고 난민》이라는 책은 일본의 한 학자가 가나에 있는 부두부람 난민 캠프에서 401일 동안 관찰한 라이베리아 출신 난민들의 삶을 그리고 있다. 이 기록은 그들이 단순히 난민이라는 대상화된 존재가 아닌 신실한 종교인이며 육식을 지양하고 한 축구팀을 열렬히 응원하는 이웃 중 하나라는 것을 깨닫게 한다.

원래 난민 캠프란 난민의 원인이 된 상황이 종료되면 즉시 그곳을 떠난다는 전제하에 '최소한의 필요'에 맞추어 환경이 갖추어진 곳인데 유엔난민기구의 2015년 말 통계에 의하면 2,100만 명이 넘는 난민이 평균 26년을 그런 환경에서 머문다고 한다. 26년이면 평균 수명이 60년이 채 되지 않는[34] 서부 아프리카 사람들의 삶 중 거의 절반에 가까운 기간이다.

부두부람 난민 캠프에 라이베리아 난민이 유입된 이유를 알기 위해서는 라이베리아에 대한 역사적 이해가 필요하다. 19세기 초반 노예 노동이 사회적으로 불필요해지자 미국에서는 노예 해방이 진행되었다. 이로 인해 발생하는 사회 문제를 해결하기 위해 미국은 해방 노예들을 다시 아프리카 대륙으로 돌려보내면서 서부 아프리카의 한 지역에 나라를 만들어 실질적으로 식민 지배를 했다. 그 나라가 바로 라이베리아이다. 라이베리아의 국명은 '해방Liberate'이라는 단어에서 비롯되었다.

이 지역에 원래 거주하던 흑인들과 미국에서 건너온 흑인들의 사이에 위계질서가 생겨났고 선주민에 대한 탄압이 자행되었다. 이후 혼란스러웠던 정권 쟁탈 끝에 1989년 아메리코 라이베리안● 출신인 찰스 테일러Charles McArthur Ghankay Taylor가 정권을 잡았다. 이후 라이베리아에서는 내전이 발발했고 분쟁은 14년 간 지속되었으며 이로 인해 30만 명이 사망하고 20만 명 이상이 난민이 되었다. 2003년 내전은 끝났지만 여러 가지 복잡한 이유로 돌아가지 못한 난민이 적정한 거주 환경이나 노동 환경도 가지지 못한 채 20년 넘게 타국을 떠돌고 있다.

가나의 경우 난민은 가나의 노동 허가증을 받아야만 일을 할 수 있는데 이 과정이 8~10개월 정도 소요되고 이를 기다려

● 미국에서 이주해온 이들의 후손을 일컫는다.

주는 고용주는 실질적으로 없다고 보면 된다. 난민들이 기존에 취득한 전문직 자격증도 인정받지 못해 새롭게 몇 년에 걸쳐 교육을 받아야 한다.

난민 1세대는 그나마 고향에 대한 기억이라도 가지고 있지만 난민 상황에서 태어나고 자란 아이들에게 부모의 땅은 낯설기만 하다. 유엔난민기구가 추진하는 '본국 귀환 프로젝트'가 실질적인 해답이 될 수 없는 이유이다.

그 자리에서 살아가고 있지만 그 어디에도 소속될 수 없는 사람들. 상황은 열악하지만 장기화된 난민 문제에 대해 국제 사회의 관심은 떨어지고 있고 난민 수용 문제는 국제 사회가 분담해 짊어져야 할 것임에도 불구하고 상황 개선의 여지 또한 점점 멀어져가는 상황이다.

책임감 있는 국제 사회 일원으로서 《아프리카인, 신실한 기독교인, 채식주의자, 맨유 열혈팬, 그리고 난민》을 읽어보기를 바란다. 그들이 피상적인 난민이 아니라 우리 주변에 살고 있는 이웃이라는 점을 절감할 수 있을 것이다.

함께 생각하고 토론하기

아프리카라고 하면 우리는 원시적으로 생활하는 모습을 상상합니다. 하지만 그들은 우리와 비슷하게 삶의 희로애락을 겪으며 지구 반대편에 살고 있습니다. 그렇기 때문에 우리는 끊임없이 세상의 다양성과 만나고 사실과 다르게 알고 있는 것이 무엇인지 꾸준히 생각해보아야 합니다.

● 가나인 친구를 만나 이야기하는 상황을 상상한 후 우리와 비슷하다고 느낀 가나의 모습을 친구에게 설명해봅시다. 또 가나의 어떤 부분이 우리와 달라 신기하게 느꼈는지 이야기해봅시다.

난민이라고 하면 보통 우리와 다르고 위험한 사람이라고 생각합니다. 하지만 인간이 그어놓은 국경 안에서 국가가 국민을 보호해주지 못한 상태에 처한 사람들을 난민이라고 부릅니다. 즉 상황이 여의치 않을 뿐 위험하거나 무지하며 가난한 사람들이 아니라는 뜻이죠.

● 난민에 대한 편견을 해소하고 국경과 좁은 개념으로서의 '우리'라는 범위에서 벗어나 진정한 세계 시민으로서 어려운 이웃을 도울 수 있는 방법이 무엇인지 생각해봅시다.

3부
역사로 보는
가나

산다는 것은 선택하는 것이다.
선택을 잘 하려면 우리가 누구이며 무엇을 표방하는지
어디에 가고 싶은지, 왜 그곳에 가려 하는지
알아야만 한다.

- 코피 아난 -

인류사의 아픈 기억, 노예제와 대서양 노예 무역[35]

노예 제도는 선사 시대까지 역사를 거슬러 올라갈 정도로 인류사에서 오랫동안 존재했던 제도이다. 우리나라 또한 조선 시대까지 노예 계층이 존재했다. 하지만 인류사 속에서 가장 악랄한 기억으로 남아있는 것은 아프리카의 노예제일 것이다.

이슬람이 독점하고 있던 향신료 무역의 판로를 개척하기 위해 포르투갈이 서부 아프리카 해안을 탐사하기 시작한 15세기 이전부터 노예 제도는 존재했다. 서부 아프리카에서는 가나 제국, 말리 제국, 송가이 제국 등 초기 이슬람 국가들의 인구 3분의 1이 노예였다고 한다. 이 노예들은 사회의 최하층을 이루면서 계급제, 특히 지배 계층의 지위를 공고히 하며 사회 유지에 필요한 노동을 담당했다

노예라는 명칭의 맥락이 달라진 것은 15세기부터이다. 포르투갈이 서부 아프리카 해안을 탐사하면서 탐험가들은 기니만 연안에서 무역에 적당한 다양한 물품을 발견했다. 그리고 현재의 라이베리아와 시에라리온, 코트디부아르, 가나의 해안을 그 지역에서 거래되는 물품의 이름을 따서 후추 해안, 상아 해안, 황금 해안으로 불렀다.

골드코스트, 즉 황금 해안에서 포르투갈 상인들은 그들이 가지고 온 여러 가지 물건과 금을 교환하려 했으나 골드코스트 현지인들의 반응은 시큰둥했다. 당시 현지 지배 계층은 거래 물품으로 사회의 피지배 계층을 형성할 노예를 요구했고 이에 포르투갈 상인들은 인접한 베냉, 나이지리아 해안에서 노예를 잡아다가 황금 해안의 현지인들과 거래했다. 그래서 베냉, 나이지리아 해안은 노예 해안이라는 별칭이 붙게 되었다.

얼마 안 가 아프리카 대륙 내에서 노예 무역의 수요가 줄어들자 포르투갈 상인들은 노예들을 본국으로 데려갔고 1550년경 인구 조사에 따르면 포르투갈 수도 리스본의 인구 중 10퍼센트가 흑인 노예였다고 한다.

아프리카 노예들이 대서양을 건너 아메리카 대륙으로 닿게 된 것은 꽤나 달콤한 물질과 관련 있는데 바로 설탕이다. 이 달콤한 물질이 남긴 씁쓰레한 역사를 뒤밟아보자.

1만 년 전부터 뉴기니섬에서 재배되기 시작해 인도로 전파된 사탕수수는 인도인에 의해 결정 형태의 설탕으로 정제되었다. 유럽인들은 6세기 알렉산더의 군대가 인도를 침략했을 때 이 달콤한 물질의 존재를 처음 알았다. 그후 오랫동안 설탕은 유럽에 존재하지 않는 향신료였지만 8세기 무렵 지중해 인근에서 사탕수수를 재배하던 아랍인들이 스페인을 침략했을 때 다시 설탕이 유럽사에 등장했다. 설탕은 엄청나게 인기를 끌며 가격이 폭등했는데 육로로 이송되면서 붙은 각종 세금으로 은과 비슷한 가격의 거래품이 되었다.

16세기 포르투갈인은 이 비싼 물질을 직접 재배하려고 했다. 그리고 세네갈 앞바다에 있는 카보베르데섬에서 시작한 노동 집약적인 설탕 사업에 수많은 아프리카 본토의 노예를 투입했다.

이에 자극받은 스페인은 아메리카 대륙을 발견하고 그곳에서 사탕수수 농장을 경영하려고 했다. 그러나 유럽에서 건너온 각종 질병이 아메리카 대륙에 유입되면서 내성을 가지지 못한 카리브해 연안 도서 국가 및 브라질 등의 인디오들이 사망하였고 이는 곧 노동력의 부족을 가져왔다.

이에 스페인은 포르투갈의 도움을 받아 아프리카 대륙에서 노예를 공급받았는데 이를 '대서양 삼각 무역'이라고 부른다. 유럽의 물품이 아프리카로, 아프리카의 노예가 대서양을 건너 사탕수수 농장(아메리카)으로, 그리고 설탕은 유럽으로 전달되는 체계였다. 엄청난 수익률을 자랑한 이 사업에 영국과 프랑스, 네덜란드 등 유럽 열강이 앞다투어 뛰어들었고 17~19세기

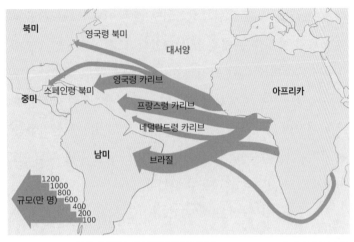

● 1701~1810년의 대서양 노예 무역 경로 및 이동량　　　(출처-미 위스콘신대)

까지 영국과 프랑스가 이 무역을 장악했다.

　이 시기에 대서양을 건넌 아프리카인은 1,200만~2,000만 명으로 추산된다. 아프리카인의 불행은 여기서 끝나지 않았다. 흑인 노예는 인간이 아닌 상품으로 취급되었고 노예 무역상들은 최대의 수익을 올리기 위해 좁은 선실에 상품, 즉 흑인 노예를 차곡차곡 쌓아 이송하는 방법을 택했다.

　노예선의 갑판 밑에는 족쇄에 묶인 채 빈 공간 하나 없이 빽빽하게 인간 화물들이 '선적'되었고, 이 좁은 공간에서 제대로 움직이지 못한 수많은 노예의 용변과 구토, 체액 등으로 배 안의 오염도는 상상을 초월할 정도였다. 이런 상태로 거의 두 달 가까이 항해를 했는데 배에 실려진 노예의 약 20퍼센트가 이

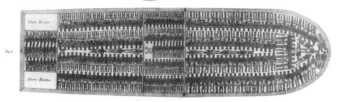

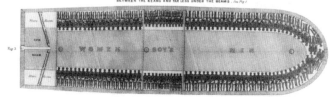

● 노예 선적선 단면도

송 도중 사망했다고 한다.

이 비인륜적인 무역을 위해 가나의 해안에는 여러 성채가 세워졌는데 현재 세인트조지성이나 엘미나성, 케이프코스트성, 크리스티안보르그성 등이 남아있다.

수많은 아프리카인이 아메리카 대륙으로 강제 이주된 만큼 카리브해 연안의 군소 국가, 도서 지역 등에 아프리카 흑인의 문화적 영향이 크게 남아있다. 20세기 에메 세제르*Aimé Césaire*나 레옹 다마스*Léon-Gontran Damas*에 의해 아프리카 그리고 흑인의 정체성을 제고시키자고 하는 '네그리튀드 운동'이 일어난 것이나 폰 사람들에 의해 발생한 정령 신앙의 일종인 부두교 전통을 아프리카 대륙의 반대편 도서 지역에서 쉽게 찾아볼 수 있다는 점에서 이를 알 수 있다.

인류사에 남은 아픈 역사를 되풀이하지 않기 위해 다양성을 존중하는 마음으로 서양 강대국 위주의 세계사 그리고 문화사에서 벗어나 제3세계로 칭해지는 이 지역 문화를 더 많이 공부하고 알아가는 건 어떨까.

코로만티, 대서양을 넘나드는 가나인의 흔적

1990년대 아르헨티나 출신으로 멕시코에서 활동하고 있는 학자인 네스토르 가르시아 칸클리니*Néstor García Canclini*는 라틴 아메리카의 문화를 '혼종 문화'라고 정의했다.[36] 서구 세력의 침투로 전염병도 함께 유입되어 현지인들이 몰살된 후 그 자리를 채운 아프리카 흑인 노예의 문화가 뒤섞여 중남미 문화가 발전되었기 때문이다. 라틴 아메리카에는 아칸인의 문화적 흔적이 남아있는데 자메이카, 수리남 등 카리브해 연안에 사는 '코로만티'가 대표적이다.

코로만티는 현 가나의 센트럴주에 있는 코르만체*Kormantse*라는 지역명에서 유래된 명칭으로 이 지역에는 17세기 영국에 의해 지어졌지만 이후 네덜란드의 요새가 된 암스테르담요새가 있다. 코르만체 지역 해변에 있는 다른 요새들과 마찬가지로 암스테르담요새 또한 18세기에는 노예, 금 등의 무역을 위한 장소로 이용되었다.

황금 해안에서 포획되어 자메이카, 수리남 등으로 이송된 코로만티는 그들의 배경 문화가 지닌 자주적이고 조직화, 규율화된 특성 때문에 18~19세기에 걸쳐 수많은 노예 봉기, 반란 및 각종 음모의 주체가 되었다. 그래서 1765년에는 '야만적인' 아칸인의 수입을 금지하는 법안이 제안되기도 했다.

이러한 역사만 봐도 우리가 생각하는 '야만적이다', '폭력적이다'의 프레임은 강자가 약자에게 씌울 수 있는 가장 쉽고도 일방적인 표현이 아닐까 싶다.

역사적 서술 속에서 노예 해방의 과정을 '백인에 의해 구원되는 흑인'이라는 수동적이고 시혜적 과정으로 나타내는 경우가 많다. 그러나 카리브해 연안 국가에서의 노예 반란과 자율성 추구의 역사를 공부하면 할수록 노예 상태가 되어버린 흑인들이 얼마나 자주적이고 주체적으로 시대적 조류를 뒤집으려 했고 시대를 개척하고 평등을 이야기했는지 확인할 수 있다.

하늘로부터 선물 받은
신성한 황금 의자, 아샨티 제국

대부분 아칸의 역사에서는 통일된 중앙 집권 국가가 나타나지 않았지만 아샨티 제국만은 예외이다. 17세기 말부터 오세이 코피 투투*Osei Kofi Tutu*와 조언자 오콤보 아노체*Okomfo Anokye*가 현재의 가나 중부 지역 쿠마시를 중심으로 국가 체제를 정비했으며 1701년에 아샨티 제국이라고 명명함으로써 국가 정체성을 획득했다.

아샨티 제국은 사하라 사막 남서부 아프리카에서 가장 중앙 집권적 나라 중 하나였으며 대서양 해안 무역을 통해 유럽인과 교류하기도 했다. 이 덕분에 아샨티 제국은 사하라 이남 아프리카 토착 문화권 중에서 유럽인에 의해 광범위하게 연구되고 기록으로 남아있는 편이다.

● 황금 의자가 중앙에 있는 아샨티 제국의 국기

우리가 단군 신화라는 건국 신화를 가지고 있듯이 아샨티 제국도 '황금 의자*Golden Stool*'와 관련된 건국 신화가 있다. 아샨티 제국의 국기에도 황금 의자가 중앙에 위치해 있다. 이를 보면 황금 의자가 얼마나 아샨티 사람들의 정체성에 중요한지 알 수 있다.

전설에 의하면 황금 의자는 하늘에서 내려와 아샨티 제국의 첫 번째 아샨테헤네(지배자의 칭호)였던 오세이 코피 투투의 무릎에 놓였다고 한다. 이 의자는 실용적으로 사용되는 것이 아닌 왕의 영혼의 자리로 여겨졌으며 땅에 닿으면 안 된다는 믿음에 따라 깔개와 함께 보존되며 신성시되었다.

황금 의자는 높이 46센티미터의 곡선형 좌석인데 표면이 금으로 장식되어있다. 19세기 초반부터 20세기 중반까지 영국은 지금의 가나 지역을 골드코스트라고 부르며 해안 지역부터 식민 지배 범위를 넓혀갔다. 이 시기 아샨티 제국과 영국 간에 전쟁이 발발하자 당시 아샨테헤네였던 프렘페 1세는 전쟁에서 패하여 황금 의자를 빼앗기는 것보다 황금 의자의 안위를 지키기 위해 의자와 함께 사라지는 쪽을 택했다.

1900년에는 골드코스트 총독 프레데릭 호지슨*Frederick Hodgson*이 이 의자를 요구했다. 이를 모욕적으로 여긴 아샨티 사람들은 황금 의자 전쟁으로 알려진 무장 반란을 일으켰다. 이에 영국군은 이 반란을 진압하고 쿠마시를 점령했고 프렘페 1세 또한 추방하여 명실공히 이 지역을 영국 왕실 식민지로 전락시켰다.

영국의 식민 지배를 받을 당시 깊은 숲속에 숨겨져 있던 황금 의자를 영국의 도로 건설 노동자가 발견하여 금 장식품을 벗겨가는 사건이 발생했다. 이후 그는 모독죄로 사형이 선고되었지만 영국 관리들의 개입으로 영국으로 망명했다. 이는 아샨티 제국의 자존심이 함부로 유린되는 상황에서도 아샨티 제국의 행정력이 범죄인에게 미치지 못함을 의미했으며 동시에 아샨티 제국의 영광이 역사 속으로 사라져간 것을 드러내는 사건이었다.

프렘페 1세가 망명지에서 사망하자 영국군에 의해 추방되었던 그의 조카 프렘페 2세가 아샨티 제국으로 송환되었다. 그는 아샨테헤네가 아닌 쿠마시 지역의 지도자로 선출되었고 1935년 프렘페 2세의 노력과 현지인들의 꾸준한 복권 운동으로 다시 아샨티 제국의 지도자로 인정받았다.

1957년 가나가 공화제로 독립함으로써 아샨티 제국은 역사로 남게 되었다. 하지만 여전히 아샨티 제국의 옛 수도 쿠마시는 아크라에 이어 가나의 두 번째 도시로 번영하고 있으며 이 지역을 포함한 주의 이름도 아샨티주라고 불린다. 추장들의 합의제 문화 또한 여전히 존중되며 지역 사회나 중앙 정치에 대한 권위도 유지되고 있다.

쿠마시에는 국립왕궁박물관, 맨시아왕궁박물관, 프렘페 2세 기념박물관 등이 있으며 진짜 아샨테헤네가 사용했던 물건이 그대로 보존되어있어 왕조 문화와 아샨티 사람들의 전통 문화를 느낄 수 있다.

서부 아프리카를 동서로 관통하는 콩산맥[37]

현재의 가나 북부 지역을 포함하여 시에라리온에서 나이지리아를 관통하는 산맥이 있다. 아니, '있었다'. 바로 '콩Kong 산맥'이다.

콩산맥은 1798년부터 100년 가까이 그곳에 있었다. 그런데 왜 '있었다'라는 과거형으로 이 산맥을 소개하는 것일까?

왜냐하면 한 영국인에 의해 근거 없이 그저 지도에 '그려진' 것이기 때문이다. 그 당시 유럽인들에게 유럽의 바깥 지역, 특히 아프리카는 '암흑의 대륙'이었을 정도로 지리적 지식이 전무했다. 지도 제작자 제임스 레넬 James Rennell은 스코틀랜드 출신의 탐험가 밍고 파크 Mungo Park의 여행기를 담은 책에 처음 콩산맥을 그렸다. 지적·상업적 정복을 위해 '미지의 대륙'의 탐험을 후원했던 유럽 사회에서 해안이 아닌 아프리카 내륙의 지형은 여전히 미지의 상태였고, 이에 제임스 레넬은 그의 믿음에 근거해 지도 위에 산맥을 직선으로 그은 것이다.

콩산맥의 이름은 멍고 파크가 현지인들에게 '콩 왕국'에 대한 이야기를 들었다고 한 말에서 영감을 얻어 지어졌다. 90여 년이 지난 1889년 프랑스의 장교가 이 지역을 탐험했고 그곳에는 나지막한 구릉조차 없다는 사실이 알려질 때까지 콩산맥은 사람들의 인식 속에 존재했다.

이후 모든 지도에서 이 산맥은 신속히 사라졌지만 무려 1928년까지도

● 콩산맥이 수록된 지도 일부분

《옥스퍼드 고급 아틀라스》의 색인에 프랑스령 서부 아프리카의 콩산
맥이 나온다.

콩산맥은 인쇄된 정보가 얼마나 쉽게 권위를 가질 수 있는지 그리고 그
것이 얼마나 실체가 없을 수 있는지 알려주는 역사의 사례가 아닐 수 없
다. 당연하다고 생각되는 세상의 불합리를 찾아낼 수 있는 넓고 굳건한
시야를 가져야 한다. 그러면서도 자기가 알고 있는 것에 대해 한 번 더 의
심해보아야 하며, 겸손함을 잃지 않고 배움에 열려 있어야 함을 제임스
레넬과 콩산맥의 역사는 보여준다.

영국령 골드코스트

19세기 가나의 해안 지역에서 무역을 했던 나라는 네덜란드와 영국이었다. 특히 영국은 1821년부터 이곳을 여왕이 관리히는 식민 지역으로 만들어 '골드코스트'라고 부르며 현지의 다양한 소왕국과 동맹을 맺었다.

아샨티 제국이 영역을 확장하기 위해 해안 지역으로 진출하자 이를 저지하려는 세력에 의해 아샨티-판테 전쟁, 가-판테 전쟁, 앵글로-아샨티 전쟁 등이 일어났다.

1806~1807년에 일어난 '아샨티-판테 전쟁'에서 해안 지역에 위치한 판테 왕국이 아샨티 제국에 패해 아샨티 제국의 패권이 해안에 뻗치자 그곳에 있던 유럽 요새의 안전에 위협이 되었고 무역에도 부정적인 영향을 끼치기 시작했다.

● 앵글로-아샨티 전쟁

1823년 아샨티 제국과 영국이 처음으로 충돌했는데 1900년 까지 다섯 차례 이어진 이 충돌을 '앵글로-아샨티 전쟁'이라 고 부른다. 첫 충돌에서는 아샨티 제국의 승리로 끝났지만 전 염병의 창궐로 남하를 중단했다. 몇 년 후 아샨티 제국이 다시 남하했을 때는 새로운 무기로 무장한 영국군이 기다리고 있었 고 당황한 아샨티 제국은 패주했다. 결국 1831년 양국은 프라 강을 경계선으로 평화 협정을 맺었다.

이후 30년 간 양국은 평화를 유지했으나 1863년 사형을 선 고받고 골드코스트로 도주한 아샨티 제국의 범죄자를 영국이 돌려보내지 않자 아샨티 제국의 군대가 프라강을 건넘으로써 2차 전쟁이 일어났다. 하지만 전염병의 창궐과 무역의 마비 등 의 이유로 승부가 나지 않은 채 교전은 마무리되었다.

그로부터 10년 후 세 번째 전쟁이 발생했다. 당시 네덜란드는 아샨티 제국에게 일정 비용을 지불하며 엘미나성과 그 항구를 사용했다. 그런데 네덜란드 대신 영국이 그곳을 취득하면서 사용료를 지불하지 않았다. 아샨티 제국은 곧 바다로 가는 통로를 봉쇄했고 이로 인해 벌어진 3차 전쟁은 양군의 치열한 접전 끝에 영국이 쿠마시까지 진군하며 승기를 잡았다. 이 전쟁의 결과 아샨티 제국은 배상금 지불과 함께 패권을 잃어버렸다.

그 후 20년 동안 영국은 이 지역에 별 간섭을 하지 않았다. 아샨테헤네로 등극한 프렘페 1세는 아샨티 제국을 중흥시키고 다시 해안으로 진출하려 했으나 1896년 쿠마시로 진격해온 영국군에 의해 계획이 무산되었다. 이후 아샨티 제국은 영국의 보호령이 되었고 프렘페 1세와 많은 고위층이 세이셸로 추방당했다. 이것이 아샨티 제국과 영국의 4차 전쟁이다.

5차 전쟁은 '황금 의자 전쟁'이라고도 불리는 아샨티 제국의 마지막 저항이다. 9개월 동안의 무장 항전에도 불구하고 결국 1902년 아샨티 제국은 영국의 직할 식민지로 합병되었다.

영국은 공무원의 수를 최소화하고 지역을 지배하는 추장을 유럽 감독관의 지시하에 두는 간접 통치 체제를 택함으로써 지역 반발을 최소화하고 비용 효율을 높였다. 이는 권위가 강화된 추장들이 영국의 '진보된' 정치·사회적 가치를 직접 경험하고 동화되게 하는 부수적인 효과도 있었다. 이 기간 동안 영국은 금, 다이아몬드, 상아, 목재, 코코아 등을 수탈했으며 이를

● 가나 독립 광장

위해 건설된 그 당시의 사회 기반 시설들이 현대 가나의 사회 인프라 기반을 이루고 있다.

한편, 잇따른 경제 발전과 교육을 통한 엘리트층의 성장 그리고 각종 사회적 차별의 표출로 인해 민족주의가 부흥하고 불만 요소가 터져 나오기 시작했다. 덧붙여 2차 세계대전 이후 국가 의식의 발달이 가속되면서 1947년 최초의 민족주의정당인 통일골드코스트회의의 주도로 민족주의 운동이 일어났다.

통일골드코스트회의는 다소 온건하고 보수적인 성향으로 현상을 유지하며 자율적이고 존엄 있는 행정을 요구했다. 하지만 통일골드코스트회의의 사무총장이었던 괴메 은크루마는 이에 반대하며 1947년 회의인민당*CPP, Convention People's Party*을 창설, '즉각적 독립'이란 기치와 선언으로 국민의 지지를 받았다. 이에 위기를 느낀 대영 제국은 그를 수감하기도 했으나 1951년 총선에서 회의인민당이 압승을 거두면서 콰메 은크루마는 석방되었고 여세를 몰아 다음 해 골드코스트 첫 흑인 총리로 취임했다.

1954년과 1956년 선거에서 연승을 거둔 콰메 은크루마는 1957년 3월 6일 독립을 선언하며 국가 이름을 '가나'라고 선포했다.• 이로써 가나는 사하라 이남 아프리카 나라 중 최초의 독립 국가가 되었다. 1960년 7월 1일, 자치 헌법 제정과 공화국 선포 그리고 콰메 은크루마의 초대 대통령 취임으로 가나는 진정한 독립을 이루고 주권국의 지위를 누리기 시작했다.

• 지금의 모리타니아와 서부 말리 지역에 위치했던 가나 제국은 사하라 사막을 횡단하는 소금과 금 무역을 통해 번영했다. 가나의 초대 대통령 콰메 은크루마는 독립 당시 가나 제국의 영광을 되살린다는 의미에서 국명으로 가나로 택했다.

아프리카 최초의 독립 국가, 가나 공화국

사하라 이남 아프리카[●]에서 최초로 독립 국가가 된 가나는 콰메 은크루마가 총리로, 영국의 엘리자베스 2세가 여왕으로, 골드코스트 시절 총독이었던 찰스 노블 아덴 클라크Charles Noble Arden-Clarke가 행정관으로 존재하는 반 연방제였다.

이후 1960년 4월 국민 투표를 실시함으로써 공화제 형태를 취하게 되었다. 초대 대통령인 콰메 은크루마는 식민주의가 국

● 사하라 사막에 의해 나뉘어진 북아프리카와 사하라 이남 아프리카는 그 문화적 특질이 확연히 다르다. 그래서 섭은 의미에서 사하라 이남 아프리카만을 아프리카로, 북아프리카를 중동으로 구분하기도 한다.

민에게 경쟁주의적이고 개인주의적, 자본주의적 사고를 부과했다고 생각해 이를 제거해야 할 목표로 보고 독립 초기 사회주의 정책을 추구했다. 1959~1964년 동안의 경제 개발 계획은 소비에트 모델을 따랐는데 이로 인해 서방과의 관계가 악화되었다. 동구권● 국가를 제외한 외부 투자가 줄었고 세계적으로 코코아 가격이 하락하는 등 독립 이후 초기 국가를 운영하는 데 자본의 흐름이 원활하지 않았다.

콰메 은크루마는 교육과 사회 기반 산업 등의 현대화를 중시해 중·고등 교육 확대, 직업 프로그램 개설, 산업 발달 촉진을 비롯한 여러 정책을 펼쳤다. 이 과정에서 노동자 개인의 자기희생 강요, 노동권 억압, 반대자에 대한 탄압 정책 등과 같은 부정적인 영향도 발생했다. 콰메 은크루마 또한 장기 집권 획책, 국비의 사적 유용 등으로 사회주의적 개혁의 정당성을 잃어갔다.

콰메 은크루마를 반대하는 세력은 점점 커져만 갔고 1962년에는 그를 암살하려는 시도까지 있었다. 이에 1964년 콰메 은크루마는 일당독재를 정당화하고자 헌법까지 개정했지만 1966년 민족주의를 내세운 군사 쿠데타가 일어나 기니로 망명을 떠날 수밖에 없었다. 1972년 콰메 은크루마는 망명지

● 러시아를 포함한 동부 유럽 지역 인근의 공산권 지역으로 구 소련의 영향권에 들었던 나라들을 일컫는다.

에서 사망했다.

질풍노도와도 같은 가나 정국[38]

콰메 은크루마 이후 1990년대 초까지 쿠데타와 민정 이양이 반복적으로 이루어지며 가나의 정치와 경제 정세는 불안했다.

1966년 엠마누엘 코토카*Emmanuel K. Kotoka* 대령은 군사 쿠데타를 일으켜 조셉 안크라*Joseph A. Ankrah* 중장을 위원장으로 하는 국가자유위원회*NLC, National Liberation Council*를 결성했다.

최초의 골드코스트 군대의 아프리카 장교 졸업생이자 군 사령부 최초의 아프리카인 진영 사령관이었던 조셉 안크라 중장은 가나의 두 번째 대통령이 되었다. 그는 1966년부터 3년간 재임했다. 재임 기간 동안 나이지리아 내란 중재와 같은 대외적 활동도 활발히 펼쳤으나 뇌물 수뢰 사건으로 아콰시 아프리파*Akwasi Afrifa* 장군에게 1969년 정권을 이양했다. 이후 이루어진 총선을 통해 진보당*PP, Progress Party* 코피 부시아*Kofi A. Busia* 박사에게 정권이 이양되어 민정이 복귀되었다.

코피 부시아 정권은 제2공화국 하에서 시행한 경제 자유화 정책, 국내 거주 외국인 추방 정책 등을 펼쳐 노동력 부족, 대외 신용 실추, 현지화 평가 절하로 인한 물가 상승 등을 초래해 가나에 경제적 어려움을 가중시켰다.

이에 1972년 이그나티우스 아챔퐁*Ignatius K. Aheampong* 대령의 주도하에 쿠데타가 일어나 군사 정권이 다시 들어섰다. 이그나티우스 아챔퐁의 군사 정권하에서 펼쳐진 경제 안정화 정책은 어느 정도 효과를 보기도 했지만 이후 발생한 정치·사회적 불안 속에서 1978년 프레드 아쿠포*Fred Akuffo* 장군에게 정권을 잠깐 넘겨주었다.

프레드 아쿠포 장군은 민정 이양 계획을 밝혔으나 제리 롤링스*Jerry Rawlings* 공군 대위의 지휘로 제3차 군사 쿠데타가 발생했다. 하지만 제리 롤링스는 민정 이양을 계획대로 실시하여 군으로 복귀했고, 1979년 힐라 리만*Hilla Limann*이 당선되어 제3공화국 대통령에 취임했다. 제3공화국은 정치, 경제, 사회적 안정 정책이 시행되었으나 집권당 내 분열과 경제 침체 상태가 가속화되면서 사회가 불안정해졌다.

1981년 다시 한 번 제리 롤링스 대위의 주도하에 제4차 쿠데타가 일어났다. 제리 롤링스는 헌법 정지, 국회 및 정당 해산 등의 조치를 취했고 10년 동안 장기 군사 통치를 실시했다.

1991년에는 민주화에 대한 국제 사회의 압력에 따라 헌정 복귀 일정을 공식화했고 1992년 국민 투표로 신헌법안을 채택했다. 당해 실시된 대통령 선거에서 제리 롤링스는 대통령에 당선되었고 여당인 국민민주당*NDC, National Democratic Congress*이 다수 의석을 차지하는 제4공화국이 출범했다.

아프리카 정치 발전의 등불, 가나의 민주주의[39]

제4공화국이 들어서면서 가나는 정식으로 다당제, 정치 활동 자유화 등이 이루어진 민주주의 국가로 변모했다. 그동안 군사 쿠데타와 민정 이양이 반복되며 꽤 복잡하고 혼란스러운 시기를 겪어왔으나 이제는 평화로운 정권 교체가 이루어지고 있다.

1997년에도 국민 투표를 통해 제리 롤링스가 재선에 성공했고, 2000년에는 3선 금지 조항에 따라 제리 롤링스 전 대통령이 출마하지 않은 상태에서 신애국당NPP, New Patriotic Party의 존 쿠포르가 상대 후보이자 전 부통령이었던 존 아타 밀스John Atta Mills를 압도적으로 누르고 대통령에 당선되었다.

2008년에는 야낭인 국민민주당NDC의 존 아타 밀스 전 부통

팅이 여당 후보인 나나 아쿠포아도를 누르고 대통령에 당선되었다. 여야 후보 간의 표차가 매우 근소했지만 별다른 소요 사태 없이 정권 이양이 이루어졌다.

이후 2012년에는 국민민주당의 존 마하마 부통령이 국민 투표를 통해 대통령 지위를 승계했으며 2016년과 2020년에는 신애국당의 나나 아쿠포아도가 당선되었다.

나나 아쿠포아도는 세디화 지폐에 있는 6인의 지도자 중 한 명인 에드워드 아쿠포아도Edward Akufo-Addo의 아들로 가나대학교를 졸업했으며 법무부 장관과 외무부 장관직을 역임했다. 현재 서아프리카경제공동체의 회장을 맡고 있다. 그는 1차 임기 중에 고등학교 무상 교육을 실시하고 7개년 경제 및 사회 개발 정책 조정 프로그램을 도입하는 등 개혁 성과를 이루었다.

이처럼 21세기 이후 가나는 투표를 통한 안정적인 정세를 유지하고 있으며 이는 아프리카 나라 중 가장 빠르게 발전하는 나라로 자리 잡는 데 큰 역할을 했다.

2020년 대선, 전임 대통령의 재도전

2020년 12월 7일 가나에서 대선이 치러졌다. 2012~2017년까지 대통령직을 역임했던 존 마하마가 다시 출사표를 던지며 오포쿠-아계만Jane Naana Opoku-Agyeman을 러닝메이트로 지명했다.

● 존 마하마 (출처-Chatham House, London)　　● 오포쿠-아계만 (출처-Gkbediako)

가나 역사상 첫 여성 부통령 후보가 된 그녀는 전 교육부 장관으로 현재는 대학교수로 재직하고 있으며, 2008년 케이프코스트대학교의 첫 여성 총장으로 임명된 바 있다.

대선 결과 존 마하마와 오포쿠-아계만은 안타깝게도 당선되지 못했다. 2000~2016년까지 가나는 여당과 야당이 차례로 집권하는 '핑퐁식 민주주의', 즉 평화로운 민주주의의 상징이었는데 2020년 이 공식이 깨진 것이다.

2020년 대선 투표가 끝난 후 존 마하마 전 대통령이 부정 선거의 가능성을 거론하고 비민주적인 선거를 비난하면서 '민주주의 모범 국가'라는 가나의 상징성에 위기가 도래하기도 했지만 선거 과정에서 집단적인 폭력 행위나 소요 등은 발생하지 않았고 선거의 참관인들도 자유 투표가 진행되었다고 증언했다.

아프리카에서 손꼽히는 평화의 나라, 가나

국제 싱크탱크인 국제경제평화연구소가 발표한 2020 세계평화지수에 따르면 가나는 아프리카 대륙에서 모리셔스, 보츠와나에 이어 사하라 이남 아프리카 중 세 번째로 평화로운 나라이며 서부 아프리카에서는 가장 평화로운 나라이다. 또한 조사 대상이 된 163개국 중 43위를 차지했는데 한국은 48위로 가나가 한국보다 평화지수가 높다.

세계평화지수는 군사 예산, 무기 수출, 폭력 범죄의 정도, 전쟁 사상자, 죄수 규모, 조직범죄 수준, 잠재적인 테러 공격 위험, 사회·정치적 갈등, 인접 지역이나 인접 나라와의 상대적 관계 등 23개 지표를 종합하여 평화를 수치화한 것이다.[40]

세계평화지수는 각 지표에 1~5점까지 점수를 매긴 후 계산한 값으로 1에 가까울수록 평화로운 상태를 의미하는데 가나는 1.776점을 획득했다. 구체적으로 살펴보면 국내외적으로 진행되고 있는 갈등 사항 1.415점, 사회적 안전도 2.102점, 군사화 점수 1.744점을 획득했다. 2008년부터 13년간의 자료를 살펴보아도 최고점 1.707점, 최저점 1.902점으로 1점대를 유지하고 있어 안정된 상태임을 알 수 있다.

아프리카에서 다당제 그리고 선거제 민주주의가 안정되어있다는 것은 어느 대륙보다 그 의미가 크다. 대부분의 아프리카 나라가 다양한 민족이 어우러져 사는 사회인 만큼 민족 이기주의가 정치에 개입되면 이분법적 배타로 끊임없는 갈등을 유발할 수 있기 때문이다. 이런 갈등의 원인은 애초에 국경 자체가 민족 및 지형 등 문화권, 생활권에 따라 형성되지 않고 서양에 의해 인위적으로 형성되었다는 점에서 유래한다. 이러한 상황을 국내 정치에 이용하고 갈등을 부추기는 정치인들에게도 큰 책임이 있는 것은 물론이다.

가나 역사에 남은 위인들

범아프리카주의와 콰메 은크루마[41]

콰메 은크루마에 대해 이야기할 때 빼놓을 수 없는 것이 바로 '범아프리카주의Pan-Africanism'이다. 콰메 은크루마는 범아프리카주의의 핵심인 전 아프리카 대륙의 단결과 통합을 주장함으로써 국내뿐 아니라 국외, 특히 전 아프리카 나라에 큰 영향을 미쳤다.

18세기 중반 이후 아프리카 본토뿐 아니라 아메리카 대륙과 유럽 대륙 각지에서 아프리카 흑인과 아프리카계 흑인*이

• 아프리카 흑인은 현재 아프리카 지역에 국적을 가신 사람을 말하고, 아프리카계 흑

식민주의와 노예 제도에 대해 목소리를 내기 시작했다. 여기에서 시작된 뿌리는 20세기 들어 네그리튀드와 범아프리카주의라는 두 개의 줄기로 뻗어 나오는데 범아프리카주의는 영국의 식민 지배를 받은 지역에서, 네그리튀드는 프랑스의 식민 지배를 받은 지역에서 나온 탈식민화에 대한 저항 의지의 표현이며 관련 담론이다.

그중 범아프리카주의는 미국이나 카리브해의 흑인들, 즉 노예 무역으로 강제 이주해 수많은 희생을 겪은 이들과 후손에게서 터져 나왔다. 자메이카의 마커스 가비*Marcus Garvey*와 미국의 윌리엄 듀보이스*William Edward Burghardt Du Bois*가 대표적이다.

마커스 가비는 자메이카 출신이지만 미국에서 활동했으며 미국 내 흑인 인권의 제고 및 흑인의 경제적인 자존감 회복을 위해 노력했다. 윌리엄 듀보이스는 하버드대학교에서 박사 학위를 받은 최초의 흑인인데 흑인 민족주의와 아프리카 중심주의의 이론적·이념적 토대 구축을 통해 범아프리카주의를 단순히 감상적 주제가 아닌 정치적 의제로 변환시켰다.

그는 1919년부터 범아프리카 지도자들 간의 협의를 위해 아프리카의회를 개최했다. 이 회의는 1974년 6차 회의까지 이어졌는데 1945년 제5회 대회부터 콰메 은크루마가 핵심적인

인은 주로 노예 무역이나 경제적 이유로 이주를 통해 현지의 국적을 획득한 사람을 말한다.

● 콰메 은크루마 동상

● 콰메 은크루마 기념 공원에 있는 그의 무덤

역할을 했고, 가나가 독립한 이후 윌리엄 듀보이스는 사하라 이남 최초의 독립 국가인 가나가 이 운동을 주도해야 한다고 주장했다. 그는 말년에 가나의 시민권을 얻어 아크라에서 사망했다.

콰메 은크루마는 이러한 국제 사회적 배경 속에서 아프리카 내 범아프리카주의의 주요 지도자로 명성을 떨쳤는데, 특히 아프리카 나라들이 식민 본국에서 독립을 쟁취해나가던 시기인 1950년대 말부터 1960년대까지 '아프리카는 연합해야 한다*Africa must unite*'는 기치 아래 다양한 활동을 펼쳤다. 1963년 아프리카통일기구*OAU, Organization of African Unity*가 창립된 후에는 회원국 간의 정치, 경제적 통합, 식민주의 근절, 회원국 국민의 협력 강화 등의 목표로 활동했다.

그리고 이러한 아프리카통일기구이 활동은 2002년 아프리카 연합*AU, African Union*의 결성으로 이어졌다. 시대를 앞서 살아간 마커스 가비, 윌리엄 듀보이스, 콰메 은크루마의 꿈이 21세기에 이루어진 셈이다.

가나의 방정환, 에푸아 서덜랜드[42]

고급 호텔 프랜차이즈와 정부 기관이 늘어서 있는 아크라의 중심부, 빅토리아버그의 대로변에는 에푸아 서덜랜드 어린이 공원이 있다.

가나가 독립하기 전인 1924년 태어난 에푸아 서덜랜드는 극작가이자 작가이며 학자, 교육자, 아동 권익 운동가, 사회 운동가로서 70여 년의 삶을 살았다.

그녀는 케이프코스트에서 태어나 가나와 영국에서 공부했고 가나에서 아이들을 가르치며 글을 쓰기 시작했다. 1957년 가나가 독립하던 해 그녀는 가나작가협회 *Ghana Society of Writers, 후에는 Ghana Association of Writers* 를 조직했다. 가나의 전통과 현대 그리고 서양 문화를 접합시킨 그녀의 작품은 선집이나 잡지, 라디오 등으로 발표되었다.

● 에푸아 서덜랜드

그녀가 설립한 가나드라마스튜디오는 전체 아프리카 연극 실무자들의 훈련장이 되었고 이후 가나대학교의 산하 기관이 되었다. 후학 양성에 힘쓴 그녀는 센트럴 지역에 '코지단 *Kodzidan*'이라고 부르는 전통 구전 개발을 위한 지역 공동체 극장을 세웠고 이는 극장의 선구적인 모델이 되었다.

에푸아 서덜랜드는 지역의 많은 예술가와 교류하고 영감을 주고받았을 뿐 아니라 전 세계의 아프리카 창작자들과도 교류했다. 특히 1958년에는 범아프리카주의의 선구적인 역학을 한

윌리엄 듀보이스를 만났고, 1980년 그의 사후에는 아크라 듀보이스 생가에 범아프리카주의 문화를 위한 듀보이스기념관을 조성하는 역할을 하기도 했다. 1992년에는 현재까지 '파나페스트*PANAFEST*'라고 불리며 지속되고 있는 범아프리카 역사 극작 축제를 기획하기도 했다.

노년기의 그녀는 유엔 아동권리 협약 비준을 주재했고 국가 아동의원회 의장을 맡기도 했다. 그녀는 아동 교육 기금, 어린이 공원 및 도서관 조성을 위한 기금 마련 등 여러 혁신적인 프로그램을 기획했고 유니세프의 아동 보호 네트워크에 가입해 활동하기도 했다.

그녀의 사후에도 가나대학교의 드라마스튜디오는 그녀의 이름을 따 '에푸아 서덜랜드 드라마스튜디오'라고 칭해지며 그녀가 설립한 음모프라 재단은 여전히 아동에게 창의력 향상을 위한 문화, 지식 교육을 제공하고 있다.

제7대 유엔 사무총장 코피 아난

반기문 유엔 사무총장의 전임이었던 코피 아난 또한 가나 사람이다. 코피라는 이름 자체가 아칸어로 '금요일에 태어난 남자'라는 뜻을 가진 코피*Kofi*이니 좀 더 친숙하게 느껴진다.

그는 사하라 이남 아프리카 출신 최초로 유엔 사무총장에

올랐다. 임기 중 유엔 개혁,
에이즈 확산 방지와 빈곤 퇴
치, 지역 분쟁 중재 등에 힘
을 쏟았으며 이를 인정받아
유엔과 공동으로 2001년 노
벨 평화상을 받았다.

● 코피 아난

1938년 골드코스트의 한
부족장 아들로 태어난 코피
아난은 가나, 미국, 스위스
에서 공부한 후 1962년 유
엔 산하의 세계보건기구에
서 말단 행정 예산 담당관으로 경력을 쌓기 시작했다. 1987년
사무차장보로 발탁되어 사업 기획, 예산, 재정, 평화 유지군 등
핵심 업무를 맡았던 그는 1997~2006년까지 10년 간 사무총장
으로 재임했다. 재임 기간 동안 코피 아난은 국제 사회가 지향
해야 할 공통의 이상을 제시함으로써 방만해져 있던 유엔을 국
제 사회의 주요한 행위자로 복귀시켰다. 그는 유엔 활동을 안
보, 개발, 인권, 세 개의 주력 분야로 결집시키고 '인도주의적
개입' 개념을 확산시키는 등 유엔의 책임 의식을 고취시켰다.

한국과도 인연이 깊어 1998년 제4회 서울평화상을 받았으
며 당시 김대중 정권의 '햇볕 정책'을 지지한 바 있다. 2006년
은퇴 이후 코피 아난은 아프리카의 녹색 혁명을 이끌었고, 넬

슨 만델라*Nelson Rolihlahla Mandela*가 설립한 디 엘더스*The Elders* 재단의 이사장을 역임하며 각국의 전직 지도자와 함께 세계 평화와 인권 증진을 위해 노력했다. 이후 코피 아난 재단을 설립하고 각종 국제적인 평화 활동을 실시하는 등 퇴임 후에도 평화 증진을 위해 적극적으로 힘썼다.

2018년 8월, 향년 80세의 나이로 별세한 그의 장례식은 아크라 국제회의센터에서 국장으로 치러졌고 각국 지도자들과 조문단, 국민 등 2,000여 명이 장례식에 참여했다.

안토니오 구테흐스*António Guterres* 현 유엔 사무총장도 성명을 통해 "그는 세상을 선으로 이끄는 힘이었고 여러 면에서 유엔 그 자체였다."라며 코피 아난의 죽음을 추모했다.

함께 생각하고 토론하기

노예 거래는 다시는 일어나서는 안 되는 인류사의 아픈 역사입니다. 우리는 언제나 주변에서 일어나는 일들에 대해서 비판적이고 구조적인 시각을 가져야 합니다. 그렇지 않으면 노예 무역 같은 불합리한 제도가 언제 어디서든 생겨날 수 있습니다.

20세기 들어 유럽에서 유대인을 열등한 민족으로 분류해 절멸하려 했던 사건도 있었고 지금도 세계 곳곳에서 사람과 사람이 서로에게 폭력을 가하는 전쟁이 일어나기도 합니다.

● 우리 반에서 혹은 친구 사이에서 일어날 수 있는 사소하지만 불합리한 일들에 대해 이야기를 나눠봅시다.

●● 그러한 문제를 해결하기 위해 어떤 노력을 해야 되는지 이야기를 나눠봅시다.

4부
문화로 보는
가나

잠을 자지 않으면 꿈도 꿀 수 없다.

수만의 아마

이름은 주어지는 순간부터 한 사람이 평생 동안 가지고 가는 정체성이 된다. 한국에서는 전통적으로 집안 어른들이 이름을 지어주거나 작명소에 가서 아이의 운명을 좋은 방향으로 이끌어줄 법한 이름을 짓는 경우가 많았다. 막내딸이나 원치 않던 자식의 경우 필요 없는 존재라는 의미의 이름을 짓거나 이름 자체를 짓지 않는 경우도 있었다. 하지만 시대가 변해 요즘은 부모가 자녀의 이름을 지어주는 편이다. 또 불렀을 때 예쁜 이름, 영어로 표기하기 쉬운 이름 등을 선호하는 경향도 생겨났다.

이렇게 한 문화권의 이름 짓기는 문화적 풍습과 시대적 조류를 따르는 경우가 많은데 가나의 아칸인들은 아이가 태어난 요일, 가족 내의 출생 순서 등에 따라 이름을 짓는 풍습이 있다.

요일에 따라 의미를 부여하는 이름

아칸인들은 7일로 구성된 한 주가 여섯 번 반복되는 달력 체계를 사용했는데 각 요일마다 의미가 있다. 그리고 해당 요일에 태어난 아이에게 그 의미를 부여하여 이름을 지어주었다.

요일	이름		의미
	여	남	
일	Akosua	Akwasi	우주
월	Adjoa	Kojo	평화
화	Abena	Kwabena	바다
수	Akua	Kwaku	거미의 모습을 한 이야기 신 아난시
목	Yaa	Yaw	지구
금	Afia	Kofi	비옥
토	Ama	Kwame	신

※ 비슷한 발음의 다양한 변이형이 있다.

토요일에 태어난 나는 가나에서 '아마*Ama*'라고 불렸는데 약 3,000만 명 정도 되는 가나 사람들을 일곱 개의 요일과 두 개의 성별로 나누어 계산하면 나 외에도 몇십, 몇만 명의 아마가 있는 셈이다. 함께 일했던 현지 직원은 화요일에 태어나 이름이 아브나*Abena*였고, 한국에서 파견 나온 직원들도 태어난 요일에 따라 아조아*Adjoa*, 코피*Kofi*, 아코수아*Akosua* 등으로 불렸다.

제7대 유엔 사무총장 코피 아난도 가나의 독특한 이름 짓기

문화를 통해 그가 태어난 요일을 쉽게 알아낼 수 있다.

출생 순서에 따라 지어지는 이름

가나에서는 태어난 요일뿐만 아니라 출생 순서에 따라 이름을 짓기도 한다. 이름만 보고도 쌍둥이인지 가정 내에서 몇째인지, 재혼한 집안인지 알 수 있다. 출생 순서에 따라 지어지는 이름은 다음과 같다.

	이름			이름	
	여	남		여	남
첫째	Piesie		아홉째	Nkroma	Akron, Nkroma
둘째	Maanu	Manu	열 번째	Baduwaa	Badu
셋째	Mansa	Mensa	열한 번째	Duku	
넷째	Anan, Anane		열두 번째	Dunu	
다섯째	Num, Anum		막내	Kaakyire	
여섯째	Nsia		쌍둥이 (첫째)	Ataa Panin	Ata Panin
일곱째	Asowaa	Ason	쌍둥이 (둘째)	Ataa Kumaa	Ata Kumaa
여덟째	Botwe		쌍둥이 외 셋째	Tawia	
			쌍둥이 외 넷째	Gaddo	Nyankomago

풍습이 바뀌면서 기독교식, 이슬람식 혹은 서양식의 이름을 가진 가나 사람도 많아졌지만 가나 사람을 만나 인사할 때 아칸어 이름으로 소개하면 그들은 반가워하며 더 환하게 웃음 짓고 다가올 것이다. 이참에 가나식 이름을 하나 만들어보자.

거미의 신 아난시[43]

아난시는 아칸의 전통에서 찾아볼 수 있는 '이야기 지식'의 신이다. 노예 무역으로 카리브해까지 퍼진 아프리카 문화의 영향으로 아프리카계 미국인들과 자메이카, 수리남 등 카리브해 흑인들 사이에서 아난시는 중요한 민속적 존재 중 하나가 되었다.

아난시는 교활하고 재치 있는 책략으로 적을 이기며 기존 질서를 혼란시켜 새로운 질서를 만들어내는 존재[44]이다. 이러한 특성 때문에 노예 저항의 상징으로 여기며 아메리카 대륙의 흑인들에게 널리 사랑을 받았을지도 모르겠다.

아난시에 대한 대표적인 전설이 있는데 아난시가 최고신 은냐메*Nyame*에게서 '이야기'를 얻어 인간 세상에 전한 내기 이야기이디.

아난시는 거미줄을 짠 뒤 하늘로 올라갔다. 그리고 은냐메를 만나 '이야기'를 사겠다고 했다. 그 말을 들은 은냐메는 아난시에게 비단구렁이 오니니, 표범 오세보, 말벌 음보로와 요정 음모아티아를 잡아오면 이야기를 주겠다고 했다.

아난시는 꾀와 재치, 지혜를 발휘하여 세 마리의 맹수와 요정을 잡았다. 먼저 오니니에게 가서 그의 몸 길이를 알고 싶다고 꾀어 나무에 묶었고, 오세보에게는 덩굴로 꽁꽁 묶는 게임을 제안해 잡았다. 또 음보로에게는 비가 온다고 속여 호리병 안에 가두었다. 마지막으로 요정은 고무가 묻은 인형에 들러붙게 해 사로잡을 수 있었다.

내기에서 이긴 아난시는 은냐메에게서 성공적으로 이야기를 얻어오고, 사람들은 이것을 '이야기에 대한 이야기'라고 불렀다.

마블 영화 속 주인공인 스파이더맨도 거미의 신 아난시의 저주를 받고 신비의 힘을 얻었다고 한다. 또 미국 작가 제럴드 맥더멋Gerald McDermott은 세계 각지의 신화와 설화의 중요성을 인식하고 이를 수집해 동화책과 애니메이션 시리즈를 만들었다. 그의 첫 번째 작품이 바로《거미 아난시》이다. 이 시리즈로 제럴드 맥더멋은 미국 아동 문학계의 노벨상이라고 불리는 칼데콧상을 수상하기도 했다.

아프리카를 대표하는 상징체계, 아딘크라[45]

아프리카의 많은 지역에서 문자 없이 입에서 입으로 그들의 전통과 역사와 풍습이 전래되어왔다. 특히 서부 아프리카에서는 '그리오'라고 불리는 존재가 마을의 역사 전송자이자 시인, 음악가, 역사가 역할을 하며 마을의 정신적 중심점이 되었다.

실제로 아프리카와 관련한 문헌은 7세기 이슬람교가 서부 아프리카에 전파된 것에 대한 아랍인의 기록과 15세기 포르투갈인이 서부 아프리카로 입항하며 남긴 기록이 가장 오래되었다. 역사에 남은 자가 승자로 기억되기 때문일까? 안타깝게도 아프리카는 지금까지 왜곡되고 비하되어 전달되어왔다.

《아프리카에는 아프리카가 없다》라는 책에서는 아프리카의 기후가 문자 기록에 적합하지 않다고 이야기한다. 살인적인 더

위와 습도를 지닌 일부 아프리카 지역에서 종이 같은 내구성이 부족한 매체는 다양한 정보를 전달하는 데 적합하지 않기 때문에 문자보다는 목각 부조나 문양을 통한 기록이 더 적합했을 것이라는 논리이다. 아프리카 몇 개의 고유 문자가 동부 아프리카 고원 지대와 서부 아프리카 사헬 지역을 위주로 발달한 것도 이에 설득력을 더한다.[46]

그렇다면 현대 가나의 주요 구성원인 아칸인들은 어떤 방식으로 그들의 전통을 전달해왔을까? 바로 '아딘크라'라는 도안을 통해서이다. 단순한 그림이 아니라 그들에게는 문자이자 철학이기도 한 이 상징체계는 일상에서 다양한 물건, 특히 직물의 문양으로 현대 사회에서도 많이 쓰인다.

특히 아샨티 제국의 수도였던 쿠마시를 중심으로 아딘크라 문양을 활용한 직물을 만들어내는 장인촌이 있다. 알파벳을 차

● 직물에 아딘크라 문양을 새기는 찍개

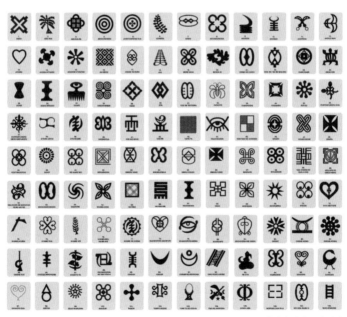

● 다양한 아딘크라 상징

용해 그들의 말을 표기하고 영어를 공식 언어로 지정해 사용하는 터라 이 상징으로 의미를 전달하는 기능은 약해지고 있지만 아딘크라 상징은 여전히 사회를 구성하는 정신적 지주 역할을 한다.

아딘크라의 기원에 대해서는 몇 가지 설이 있는데 아샨티 제국에서 전하는 바에 따르면 코트디부아르의 옛 왕국인 기야만*Gyaman*의 왕 이름에서 유래했다고 한다.

가나에는 400여 개의 아딘크라 상징이 있다고 추정되지만 그 의미를 다 알 수는 없다. 하지만 왕, 권력, 신과 관련된 상징이 많은 부분을 차지하고 있는 것을 보면 아칸인이 왕 중심의 사회 체제와 다신교적 종교관을 가지고 있음을 유추할 수 있다.

또 도덕적 교훈, 우정과 사랑 등 다양한 의미를 가진 상징 또한 현존하는 아딘크라에서 많은 비중을 차지하고 있는데 이는 아칸인들의 인생관을 추측할 수 있는 귀중한 자료이다. 아딘크라는 구술 문화적 특징인 변화와 변이 그리고 문자 문화의 기록과 전이의 특징을 모두 가지고 있어 여전히 그 의미가 파생되고 확장되고 있다.

몇 가지 중요한 아딘크라의 의미를 알아보고 마음에 드는 문양을 기억해두자. 감정을 글자가 아닌 상징적 그림으로 표현해보는 것도 색다른 경험이 될 것이다.

몇 가지 아딘크라 상징의 의미

지 은야메(Gye Nyame)
신의 불멸성, 전지 전능

쿤틴칸탄(Kauntinkantan)
겸손과 봉사의 필요

에세 니 테크레마(Ese ne tekrama)
우정, 상호 의존, 진보, 발전, 통합의 힘

파우후디에(Fawohudie)
자유

크라모보네(Kramobone)
위선에 대한 경고

오도 녜라 피에 콴(Odo nyera fie kwan)
사랑, 헌신, 충실함

지역의 부와 명예를 누리는 추장

아프리카의 문화 요소는 다양한 방식으로 평가 절하되고 비하되어왔는데 대표적인 것이 바로 추장이 아닐까 싶다. 가나의 제도, 문화를 이야기할 때 빼놓을 수 없는 것이 한글로 '추장'이라고 변역되는 chief와 그 제도를 일컫는 chieftaincy이다. 한국에서 워낙 비하되고 타자화되어 알려진 이 개념을 글로 남길 것인가에 대한 고민이 많았다.

국립국어원에 따르면 추장이라는 단어는 '원시 사회에서 생활 공동체를 통솔하고 대표하던 우두머리'라는 뜻이다. 또 다른 백과사전에서조차 추장은 '미개한 종족민 사회에서 종족, 부족의 통솔자'라는 요약이 덧붙여져 있다. 언제 한 번 시간을 내서 오류 수정 요청을 해야겠다는 생각이 드는 풀이이다.

가나의 정치 및 생활 구조 속에서 주요한 역할을 하는 *chief* 와 *chieftaincy*가 '추장'으로 번역된 과정을 정확하게 알기는 힘들다. 하지만 한국학중앙연구원이 제공하는 조선왕조실록 사전 웹페이지[47]에서 추장(酋長)이라는 단어를 찾아보면 '여진과 일본 등 국가 부족의 우두머리를 뜻하며 그 세력의 강약에 따라 대추, 거추, 소추 등으로 구분되었다.'라고 설명되어있다. 애초에 추장이라는 말에 (정치적 의미를 뺀) 비하의 의미는 없었던 것으로 추정된다.

그러나 아프리카, 중남미 등은 소위 서구 강대국들에 의해 역사가 쓰인 피동적 대상이었으므로 서구에 의해 기록된 이 지역의 역사가 한국에서 연구되기 시작할 당시 *chief*가 추장으로 번역되면서 비하의 의미가 덧붙여지고 확장된 것으로 보인다.

가나에서 추장은 규모가 다양한 집단 안에서 자율적이고 자주적인 중재자, 입법자로서 각 그룹별 중앙 집권적 형태 속에서 수호자적 권위를 가졌던 계급[48]이다. 봉건 사회였던 서양과 비교하면 왕족, 귀족, 영주 정도의 역할을 했을 것으로 추측된다. 이에 식민 시절 식민 본국의 관료적 역할도 부여되어 여전히 지역에서는 부와 권위를 갖고 있다.

특히 아산티 제국의 문화적 영향력이 아직 크게 작용하는 쿠마시에서는 아샨테헤네라고 불리는 추장이 존재했는데 1999년부터 오툼푸오 나나 오세이 투투 2세*Otumfuo Nana Osei Tutu II*가 아샨테헤네로서 중앙 정치와 사회에 큰 영향을 끼치고 있다.

● 축제를 즐기는 대추장
(출처- Alfred Weidinger)

● 아콰시다이 행사에 참석 중인 아샨티 추장

현재 가나의 헌법 또한 이 제도를 뒷받침하는 규정을 마련하고 있으며 얼마 전 가나 출신 방송인 샘 오취리의 누나가 지방의 한 왕(추장)과 결혼해 왕족이 되었다고 알려져 화제가 되었다. 추장 제도 안에는 아샨테헤네 또는 대추장*Paramount Chiefs*을 비롯한 하위 추장*Divisional Chiefs, Sub-divisional Chiefs*의 위계질서가 있어 크고 작은 규모의 공동체에 '왕'이 존재하고 가나 안에는 다수의 왕이 존재한다.

쿠마시에서는 아칸 문화의 6주 달력 체계에 따라 6주에 한 번씩 아콰시다이 축제가 열린다. 이때 크고 작은 수많은 왕국의 추장이 켄테로 만든 옷을 입고 금으로 된 다양한 장신구를 자랑하며 행진하는 행사가 열리고 지역 사람들의 다양한 춤과 음악 공연이 펼쳐진다. 이때 추장들은 한 자리에 모여 더바라고 불리는 회의를 열어 지역의 다양한 안건을 처리한다.

아콰시다이 축제는 관광객과 지역 주민도 참가할 수 있다. 예전에 더바를 지켜볼 기회가 있었는데 알아들을 수 없는 말로 오랫동안 진행되어 열심히 졸고만 왔던 기억이 난다.

켄테와 전통 의복

문화적 상징성을 띤 켄테

켄테는 가나의 전통 직물로 정확히 언제부터 생산되었는지에 대한 설이 분분하지만 기원전까지 거슬러 올라가기도 한다. 다양한 색깔의 실로 짜서 만든 켄테는 알록달록하고 다양한 형태의 무늬가 있는 것이 특징이다. 켄테로 만든 옷은 매우 중요한 의미를 지녔기 때문에 왕(추장)이나 왕족이 주로 입었으나 지금은 조금 더 일상화되었다. 대부분의 민족 집단이 켄테를 사용하기 때문에 가나의 문화적 상징물 역할을 한다.

켄테의 문양은 격언이나 교훈 등을 포함하는 상징적이고 추상적인 의미를 가지기도 하지만 종종 문자나 숫자 등을 포함하기

도 한다. 켄테를 구성하는 색깔 또한 각각 다른 의미를 지닌다.[49]

검은색	성숙, 강화된 영적 에너지, 조상의 영혼, 통과 의례, 애도 및 장례	분홍색	온화하고 부드러움
파란색	평화, 조화 및 사랑	자주색	여성의 삶, 관계
녹 색	초목, 수확, 성장	빨간색	희생 의식과 죽음
금 색	왕권, 부, 높은 지위, 영광	은 색	평온, 순결, 기쁨, 달
회 색	치유 및 정화 의식	흰 색	정화, 성화 의식 및 축제
적갈색	대지, 치유	노랑색	귀중함, 다산, 아름다움

각각의 의미와 색깔로 조합된 켄테는 어떠한 사건, 추장, 식물 등 여러 출처에서 파생된 이름을 가지며, 쿠마시 주변의 여러 마을에 직조 장인촌이 형성되어있다.

쿠마시에서 열리는 아콰시다이 축제에서는 행사에 참여한 추장들이 입은 켄테 옷을 보는 재미가 쏠쏠하다. 그들은 우리가 생각하는 전근대적인 모습의 추장이 아닌 부티와 권위가 흐르는 모습이다. 또한 고위급 간부들은 켄테로 만든 옷을 입고 주요한 국가 행사에 참석하며 전통과 관습을 전수하기 위해 이에 대한 법과 규정이 존재한다.

서부 아프리카의 항구들이 노예 무역의 중심지 역할을 했기 때문에 이 지역은 전 세계로 흩어진 흑인들의 영적, 상징적 고

● 다양한 문양과 색깔의 켄테 천

● 켄테 문양의 졸업 가운을 입은 졸업생들

향으로 여겨진다. 그래서 켄테 또한 흑인, 아프리카 문화를 나타내는 데 자주 사용되었다. 영화 〈블랙팬서*Black Panther*〉에서 왕 티찰라의 복장에 켄테 스카프가 활용되었고, 미국 내 대학에서 졸업식을 할 때 아프리카계 학생들에게 켄테 스카프를 둘러주기도 한다. 최근 미국 내에서 조지 플로이드*George Floyd*가 사망한 사건이 발생하자 인종 차별 금지에 대한 연대의 의미로 미국 민주당 지도자들이 켄테 스카프를 목에 두르기도 했다.

또한 켄테 특유의 색상, 직물 형태의 조합 등은 세계적으로도 인기를 끌고 있어 나이키, 반스 등 세계적 패션 대기업에서 운동화나 배낭 등에 활용하기도 했다.

가나의 의복

가나 북부 지역에서 유래된 스목은 주로 남성들이 입는 전통 복장이다. 주로 검고 흰 얇은 세로줄이 교차하는 천으로 만들며 원피스같이 허리에서부터 품이 넓게 떨어지는 것이 특징이다.

다시키는 서부 아프리카에서 광범위하게 볼 수 있는 의상인데 주로 원색의 천에 목과 가슴 앞쪽, 소매 쪽에 화려한 문양의 무늬로 꾸며진 것이 특징이다. 티셔츠처럼 입거나 원피스로 만들어 입는 남녀 공통 의상이다.

아바코스트[50]는 아프리카 녹립운동 기간 동안 백인들이 입

● 아바코스트를 입은 모부투 세세 세코 대통령(왼쪽)

는 서구식 정장을 거부하며 만들어진 아프리카식 정장이다. 당시 자이르⦁의 모부투 세세 세코Mobutu Sese Seko 대통령이 자주 입었으며 2009년부터 가나의 대통령직을 수행한 존 아타 밀스도 즐겨 입었다. 아바코스트는 기존 양복보다 소매가 짧고 주머니가 큰 것이 특징이다.

사실 스목, 다시키, 아바코스트 외에도 가나 사람들이 즐겨 입는 복장은 티셔츠와 청바지, 잘 차려입은 정장 등 우리와 비슷한 편안한 복장이다.

⦁ 현재 콩고민주공화국의 옛 이름

한국인 입맛에 딱 맞는
가나의 음식들

고층 건물이 들어선 현대적 도시인만큼 가나의 수도 아크라에서는 미국식, 중국식, 태국식, 스페인식 등 세계 각국의 음식을 맛볼 수 있다. 선택할 수 있는 음식의 가격대가 다양하긴 하지만 경제 수준이 한국보다 낮은 만큼 외식비도 저렴할 거라고 생각하면 오산이다. 특히 다양한 나라 음식의 경우 가나의 중상류층과 외국인들이 주로 찾고 있어 한국 물가를 초과하는 경우도 많다.

그러나 현지인들이 '춉바'라고 부르는 길거리 식당에서는 저렴한 가격에 맛있는 현지식을 맛볼 수 있다. 가나의 현지식은 다소 칼로리가 높고 기름지지만 매콤한 음식이 많아 특별히 거부감 없이 먹을 수 있다.

가나 사람들이 주식으로 먹는 것은 푸푸, 반쿠, 켄키이다. 이것들은 옥수수와 카사바, 얌, 플랜틴 등을 빻아 찌거나 발효시킨 후 끓여서 만든, 인절미와 비슷한 식감을 가진 음식인데 각각 맛이 조금씩 다르다. 인절미와 가장 유사한 푸푸가 먹기 무난한 반면 켄키는 단맛, 반쿠는 신맛을 가지고 있다. 조금씩 다르긴 하지만 생선, 닭고기, 각종 소스, 수프와 함께 먹는다.

조리용 바나나인 '플랜틴'은 음식을 만들 때 빼놓을 수 없는 식재료이다. 가나에서는 플랜틴을 이용해서 푸푸를 만들기도 하고 굵게 썰어 삶거나 쪄서 콘토므레 수프와 먹거나 튀겨서 플랜틴칩이라는 간식으로 먹기도 한다. 플랜틴칩이 가장 맛

● 길거리 상인들

● 졸로푸와 시토 소스, 샐러드

● 가운데 와채와 계란, 가리, 스파게티면, 샐러드, 토마토소스, 생선(시계 방향)

있을 때는 트로트로를 타고 가다가 먹거리, 생필품 등을 이고 파는 상인●들에게 창밖으로 1세디를 내밀고 사먹을 때이다.

'얌'은 고구마와 밤, 감자의 중간 맛을 내는 뿌리 식물인데 튀기거나 쪄서 생선, 고기 등을 곁들여 콘토므레 수프와 함께 먹는다. 가나에서는 찐 얌, 찐 플랜틴 등을 '암페시'라고 부른다.

개인적으로 칼로리가 조금 낮고 건강한 음식을 찾을 때 '와채'라는 음식을 먹곤 했는데 팥밥과 비슷하다. 와채는 스파게티나 볶은 카사바 가루인 가리, 생선 소스인 시토나 토마토소스 그리고 치킨이나 생선 등 메인 요리와 함께 먹는다.

'졸로푸'도 빼놓을 수 없는 주식이다. 각종 야채와 토마토소스를 넣고 기름에 튀기듯이 볶은 밥이라 엄청난 칼로리를 자랑하지만 그만큼 맛있다.

주식과 곁들여 주로 먹는 메인 요리는 치킨이다. 가나 사람

● 현지에 사는 한국 교민들은 '길거리 백화점'이라고 부르곤 한나.

● 반쿠와 틸라피아　　　　　　　　　● 레드레드와 플랜틴

들의 치킨 사랑은 한국 못지않다. 가나에서 내가 기획했던 한 행사에서 졸로푸는 많이 준비했지만 치킨을 준비해놓지 않아 참가자들의 불평을 들었던 적도 있다.

'틸라피아'라고 부르는 민물 생선도 가나 사람들에게 엄청난 인기가 있다. 굽거나 튀겨서 소스를 발라 양파, 토마토 등을 올려 각종 주식과 함께 먹는다.

스튜나 수프로는 '레드레드'가 있다. 콩과 고기 등을 졸여 걸쭉하게 만든 음식이다. 레드레드는 아주 기름진 음식이지만 탄수화물이 많은 가나 식단에서 단백질을 보충한다는 의미에서 많이 먹었다. '오쿠로'라고 부르는 점성이 있는 수프도 반쿠와 함께 먹는데 가나의 모든 음식과 마찬가지로 손으로 반쿠를 굴려 공처럼 만든 후 수프에 찍어 먹어야 제맛을 느낄 수 있다. 찐 얌, 찐 플랜틴과 함께 먹는 '콘토므레' 수프는 코코얌 잎과 팜유, 건어물과 신선한 토마토, 계란 등을 넣어 끓인 음식이다.

고추장처럼 가나 음식에 자주 곁들여 나오는 소스로 '시토'라는 것이 있는데 고추와 생선 간 것, 후추 등을 넣어서 만든다. 따끈한 흰밥에 비벼 먹으면 꿀맛이다.

음료 종류로는 기네스사의 달콤한 맥아 음료인 '몰트', 배와 백향과와 파인애플 맛이 나는 탄산음료인 '알바로' 등이 있다. '소볼로'는 중남미에서 비쌉이라고도 불리

● 보르풋을 파는 거리의 상인
(출처-Nana Osei)

는 음료인데 히비스커스 잎과 생강, 설탕을 넣어 만든 포도주색 음료이다. 이 음료는 목이 아플 때 마시면 좋다.

그 외 간식으로 '보프룻'이라고 부르는 가나식 도넛과 비닐 포장된 아이스크림인 '판아이스' 등이 있다. 판아이스는 전기 사정이 안정적이지 않은 가나에서 직사각형 비닐에 담겨 나와 조금 녹아도 먹는데 지장이 없도록 되어있다. 그래서 길거리에서도 아이스박스를 두고 많이 판다. 바닐라, 초코, 딸기맛 등이 있고 치아로 봉지의 끝부분을 뜯어서 빨아먹는다. 플랜틴칩과 마찬가지로 '길거리 백화점'의 상인들을 만나면 "원 바닐라! 원 초코!" 하며 사먹는 재미가 쏠쏠하다.

진짜 가나 초콜릿

한국에서 '가나'라고 하면 가장 먼저 떠오르는 것은 초콜릿일 것이다. 코트디부아르에 이어 가나는 세계 코코아 수출국 2위의 위상을 차지한다. 한국의 한 제과 회사가 초콜릿 이름을 '가나초콜릿'이라고 지었을 정도로 가나산 코코아*는 질이 좋다.[51] 이 회사는 가나산 코코아를 세상에 알린 공로를 인정받아 2020년 10월 '가나에 근거지가 없는' 기업으로는 처음으로 가나 대통령상을 수상했다.

가나 정부는 국가 차원에서 카카오 산업을 장려하고 관리하고 있다. 1947년에 코코아마케팅위원회가 설치되었고, 1979년에는 가나코코아위원회로 개칭되어 가나의 모든 코코아 생산 및 유통, 마케팅 등을 관리하고 있다.

코코아 생산과 수출은 가나의 국내 총생산에도 큰 영향을 미친다. 가나코코아위원회에 의하면 코코아 재배 인구는 약 80만 명에 이르며 16개 주 중 9개 주가 관여되어있다.* 2018년과 2019년 수치에 따르면 가나에서는 약 812톤의 코코아가 생

• 카카오는 카카오 나무의 열매를, 코코아는 카카오 나무의 열매의 씨를 빻아 만든 가루를, 코코아콩은 카카오 열매의 씨를 뜻한다. 카카오와 코코아 두 단어가 구분 없이 혼용되기도 한다.
• 가나코코아위원회 공식 홈페이지에는 10개 주 중 7개 주라고 되어있는데 이는 2018년 말 가나의 행정 제도가 개편되어 기존 10개 주가 16개 주로 늘어난 사실을 반영하지 않은 수치이다.

산된 것으로 보고되었다.[52]

코코아가 가나에 소개된 것은 19세기 말 가나 남부 해안 지역 테시*Teshie* 출신의 테테 콰시*Tetteh Quarshie*에 의해서다. 그는 한국의 문익점과 비교할 수 있는 인물로 현재 적도 기니 영토인 페르난도 포 섬에서 머물다가 돌아오면서 코코아콩 몇 개를 가지고 왔다고 한다. 이후 코코아는 1879년 이스턴주의 아콰핌 맘퐁*Akuapim Manpong*에 있는 농장에서 재배하기 시작한 후 유행하기 시작해 인접한 여러 주로 퍼져나갔다.

가나 코코아의 공식 수출은 1893년부터 시작되었는데 현재까지도 우수한 품질 관리로 국제 시장에서 톤당 가격이 가장 높은 편이다.[53]

가나에서도 가나산 코코아로 만든 초콜릿을 구매할 수 있다. 국가에서 운영하는 코코아가공회사가 출시한 골든트리 초콜릿이 대표적이다. 어디서나 쉽게 구할 수 있는 이 초콜릿은 오렌지맛, 레몬맛 등 다양한 맛이 있고 알록달록한 색깔로 포장되어있다. 한국에서 파는 초콜릿과는 달리 단맛이 덜하고 딱딱한 편이다. 귀국길 기념품으로 챙기기에 제격이다.

어디서나 엉덩이가 들썩들썩, 가나의 춤과 음악

가나뿐 아니라 서부 아프리카 여행을 하면서 자주 느끼는 것은 음악과 춤, 흥 같은 것이 이 지역 사람들의 삶과 밀접하게 관련 있다는 것이다. 나는 조금만 신이 나도 음악과 춤으로 표출되는 그들의 흥이 어디서 비롯되었을까 궁금해하곤 했다.

아칸인들의 전통 음악과 춤을 살펴보자. '아도와'는 아칸인들이 광범위하게 즐기는 춤과 음악 양식이다. 보통 여성들이 춤을 추고 남성 연주자들이 타악기 연주를 한다. 장례식을 축제처럼 즐기는 만큼 장례식이나 사회적 행사에서 모여 즐긴다.

'폰톰프롬'은 주로 국가적 행사나 추장들이 모여 각종 안건을 처리하는 더바 및 아콰시다이 축제 혹은 종교 행사에서 행해지는 복합 공연 장르이다. 그 외에도 케테, 아사두아 등이 있다.[54]

● 아도와 춤을 추는 사람들

에웨 사람들은 '악베커'라고 부르는 공연 형식을 통해 전쟁과 관련된 인간의 감정을 표현했고 '악바자'나 '아데우'라고 부르는 춤을 춘다.[55]

20세기 가나에서는 '하이라이프'[56]라는 음악 장르가 유행했는데 가나의 전통적인 9음계 아칸 음악의 멜로디와 리듬이 유럽에서 전해진 서양 악기들과 미국 재즈의 영향을 통해 브라스밴드로 시작하여 발전했다.

1920년대 초에 활동한 재즈 킹스, 케이프코스트 슈거 베이비즈, 아크라 오케스트라 등의 밴드가 연주하는 클럽은 상대적으로 비싼 입장료를 받는 데다가 복장 규정도 엄격했고 상류층 중심의 배타적인 형태로 운영되었다. 이러한 특징으로 이들 밴드를 '상류층 혹은 부유한 삶'이라는 뜻의 하이라이프 밴드라고 불렀다.

하이라이프는 댄스 밴드와 기타 밴드로 나누어졌는데, 특히 냐메*Nyame*는 400개 넘는 음반을 발표하면서 기타 밴드의 대중화를 이끌었다. 1930년대에는 나이지리아, 시에라리온, 라이베리아에 하이라이프 장르가 전해졌고 재즈와 영향을 주고받으며[57] 인기를 끌었다.

댄스 밴드도 도시에서 발달하기 시작했다. 1950년대에 이티 멘사*E.T. Mensah, Emmanuel Tettey Mensah*가 루이 암스트롱*Louis Armstrong*과 함께 연주하면서 엄청난 인기를 끌었으며 이에 따라 이티 멘사는 '하이라이프의 제왕*King of Highlife*'이라고 불렸다.

1956년과 1960년에는 루이 암스트롱을 비롯한 미국의 유명 재즈 연주가들이 가나를 방문했으며 그 영향으로 1960년대에는 하이라이프 장르가 미국에서도 인기를 끌었다.

그 외에 가나의 대중음악으로는 아프로 비트, 아프로 랩, 아프로 알앤비, 힙라이프, 가스펠, 랩, 레게 등이 있으며[58] 샤타 왈레*Shatta Wale*, 스톤보이*Stonebwoy*, 콰미 유진*Kuami Eugene*, 사코디에*Sarkodie*, 킹 프로미스*King Promise* 등이 유명하다.[59]

고백을 하나 하자면 사실 나는 막귀와 몸치라서 가나의 춤
과 음악에 대해 정리하는 일이 꽤나 힘들었다. 어떤 음악이 나
오든 엉덩이만 흔들 수 있으면 되지 않는가! 가나에 살 때보
다 이 글을 쓰면서 가나의 음악 장르에 대해 더 많이 알게 되
었다. 이 글을 읽는 여러분도 좀 더 이 나라에 흥미를 높이기
위해 가나의 가수와 음악, 춤 등을 찾아서 감상해보길 바란다!

아칸의 예술 상징,
주조 예술

　황금의 나라, 아샨티 제국에서는 황금, 구리, 아연 등을 틀에 붓고 굳혀서 예술품으로 만드는 주조 예술이 발달했다. 특히 저울로 무게를 달 때 표준이 되는 추로 사용하는 분동 제품이 많이 남아있는데 이것은 태양에 대한 지상의 대응물로 간주되며 생명력 혹은 영혼의 물리적 표현이었다.[60] 많은 금이 공물이나 전쟁을 통해 강성했던 아샨티 제국으로 유입되었으므로 아칸인들은 계속해서 독특한 형태의 분동을 만들어낼 수 있었다.

　아칸어로 음라무*Mrammou*(영어로는 goldweights)라고 부르는 분동은 1400년경 즈음부터 제작된 것으로 보인다. 초기(1400~1600년대)에는 기하학적 문양으로, 중기(1600~1700년대)에는 사람, 동물, 전통 문양으로 제조되었고, 후기(1700~1900년대)에는 동

작이나 의상 등이 세밀해진 기물들이 등장했다.[61]

학자들은 음라무를 통해 아칸인들 사이에서 구전되어 오는 이야기, 그들의 문화와 개인적 성향, 신앙, 가치 등을 이해할 수 있다고 한다. 화폐로도 이용되었으며 주조 예술가들은 특권 계층으로 사회 특수 계급을 형성했다. 현

● 아칸 분동 (출처-Geni)

재 300만 개의 음라무가 있다고 추정되며 대부분의 무게는 2.5 온스(약 71그램) 미만이다.

음라무는 20세기 초반 영국이 침략하면서 서구의 화폐제도가 도입된 후 화폐로 사용되는 경우가 점점 줄어들었으며 외래 수집가 혹은 영국 정부에 의해 상당량이 외부로 반출되었다. 지금도 영국의 대영박물관, 빅토리아앨버트박물관 등에서는 황금 분동을 상시 전시하거나 서부 아프리카 황금 분동 또는 아샨티 황금 분동 특별전으로 관람객에게 소개하고 있다.

산코파 문양

산코파_{Sankofa} 문양은 '뿌리를 잊지 마세요'라는 뜻을 가진 새 모양의 아딘크라 문양인데 항상 머리를 꼬리 쪽으로 향하고 있으며 입에 신성한 알을 물고 있다. 과거에서의 배움을 상기시키는 중요한 상징인 이것은 음라무 중에서도 흔한 형상이다.[62]

산코파는 두 마리의 새가 머리를 맞댄 듯한 하트 모양으로 표현되기도 한다. 산코파 문양은 아프리카인들의 디아스포라●의 중요한 상징으로 채택되고 있다. 산코파 이미지는 아메리카 대륙에서 많은 아프리카계 미국인 조직에서 차용되고 있고, 산코파라는 단어 또한 아프리카인의 뿌리를 찾는 다양한 단체에서 사용하고 있다.

● 산코파 분동　　　　　　　　● 산코파를 상징하는 아딘크라 문양

● 민족적 대이주를 뜻하는데 아프리카인들의 디아스포라는 무엇보다도 노예 무역에 의한 대륙 이동이 대표적이다. 현대 사회에서는 경제적 필요에 의해 서양 선진국으로 떠나는 아프리카인들의 이주를 뜻하기도 한다.

신명나는 가나의 축제[63]

가나에는 1년에 약 70개의 주요 연례 축제가 열린다. 가나 사람들은 흥이 많은 편이고 이웃과 어우러지는 것을 중요하게 생각한다. 또 전통적으로 폭우, 가뭄 등과 같은 자연재해가 계속되면 신에게 기도를 올려서 이를 해결하려 했다. 이때 마을 사람 모두가 모여 노래를 부르고 춤을 추며 의례를 행한 것이 축제의 형태로 전해져 내려오는 것이다.

지금도 가나에서는 관광객의 눈길을 끄는 문화 축제가 계속해서 기획되고 있다. 축제는 사람과 문화가 어우러지는 장이므로 가나에 간다면 미리 축제를 확인해보고 가는 것도 좋겠다.

전통 축제와 현대에 기획된 축제까지 가나의 대표적인 축제를 살펴보자.

호모워 축제

매년 5월 아크라에서 열리는 가-아당베인들의 축제로 우기가 시작되기 전 옥수수와 얌 등을 심을 때 열린다. 예전에 아크라 지역에 비가 내리지 않아 기근이 들어 많은 사람이 고통받은 적이 있다. 다시 비가 내려 가뭄이 해소되자 사람들이 기뻐하며 축제를 연 것이 호모워 축제의 시작이다. 호모워는 가어로 '배고픔을 비웃는다.'라는 뜻을 가지고 있다.

호모워 축제는 옥수수로 만든 전통 음식을 만들어 나누어 먹으면서 시작한다. 사람들은 아크라의 가 악기를 연주하고 춤과 노래를 통해 흥을 돋우며 거리 행진을 하는데 가-아당베인

● 호모워 축제　　　　　　　　　　　　　　　　(출처-Benson Ibeabuchi)

뿐 아니라 외지 사람들도 이 흥겨움에 동참할 수 있다.

바카투에 축제

해변 도시인 엘미나에 사는 사람들이 식민 시대 이전부터 기념해왔던 축제로 어획 기간이 시작되는 매년 7월 첫 번째 화요일에 열린다. 가나에서는 화요일이 바다 신의 날로 간주되기 때문에 전통적으로 화요일에는 어업을 하지 않는다.

춤과 노래 등 다양한 행사가 진행되는 바카투에 축제에서는 그물에 잡힌 물고기들을 다시 바다에 풀어주는 행사를 하는데 이때 물고기는 바다 신에게 봉헌됨으로써 풍성한 수확을 기원하는 제물 역할을 한다.

호그베추추 축제

볼타주의 안로_{Anlo} 지역 사람들이 매년 11월 첫 번째 토요일에 즐기는 축제이다. 호그베추추는 에웨어로 '대이주' 혹은 '대탈출'이라는 뜻으로 이 지역 사람들이 토고의 노체_{Notsé} 지역에서 왕의 폭정을 피해 안로에 정착한 역사적 사실을 알려준다.

그들은 마을을 탈출하기 위해 진흙 장벽의 한 부분에 집중적으로 물을 부어 구멍을 낸 후 왕의 군사가 그들의 발자국을 제대로 쫓지 못하도록 마을을 바라보며 뒤로 걸었다고 한다.

축제 기간 동안 다양한 의식이 행해지는데 그중 모든 분쟁을 끝내고 적당한 해답을 찾기 위한 병화 진흥 의식이 있다이 의식을 하는 이유는 조화와 화목이 그들의 정착에 성공적인 역할을 했다고 믿기 때문이다. 또한 마을 청소와 쓰레기를 소각하는 정화 의식도 치르는데 이러한 의식에서는 춤과 노래가 함께한다.

특히 '주민과 국가 전체 이익 가치 실현을 통한 안로의 통합'이라는 주제로 열린 2019년 호그베추추 축제에는 가나의 전 대통령 제리 롤링스와 존 마하마가 참석해 주목을 끌기도 했다.

현대적 예술 및 미식 축제

찰레워테 길거리 예술 축제

미술과 음악, 춤 등을 동시에 즐길 수 있는 축제로 2011년에 시작되었다. 지역 예술인들과 세계적인 예술인 그리고 시민과 관광객들이 아크라 곳곳에서 어우러지는 축제이다. 처음에는 아크라의 제임스타운에서 단 하루만 열렸는데 이후 다른 지역으로 퍼져나가기 시작해 이제는 매해 다른 테마로 진행되며 2018년에는 일주일 동안 축제가 이어졌다.

은카봄 문학 예술 축제

2019년 4회를 맞이했으며 시인, 소설가, 구전 예술가, 화가, 연극인, 음악가, 사진작가, 학자들이 연결되는 축제이다. 다양

● 잘레붜테 틸기기 에숱 축제   (출처-Noahalorwu)

한 콘텐츠가 공유되는 장으로 축제 기간 동안 각종 워크숍, 낭독 행사, 영상 상영회, 발표회, 연주회 등이 열린다.

아크라 음식 축제

2019년에 6회를 맞이했다. 가나의 전통 음식뿐 아니라 전 세계의 다양한 음식을 맛볼 수 있는 축제다.

● 찰레워테 길거리 예술 축제를 즐기는 사람들 　　　(출처-Noahalorwu)

가나의 장례 풍습

초콜릿, 샘 오취리에 이어 최근 한국에서 가나가 크게 인기를 얻은 계기가 있다면 '관짝소년단'이 아닐까 싶다. 가나의 장례식에서 관을 들고 춤을 추는 영상이 유튜브나 틱톡 같은 영상 공유 SNS를 통해 확산되면서 다양하게 패러디되었다. 이에 한국에서는 세계적인 인기를 끌고 있는 방탄소년단의 이름을 빌려 '관짝소년단'이라는 이름을 붙였다.

관짝소년단의 리더인 벤자민 아이두*Benjamin Aidoo*는 한 인터뷰에서 "사랑하는 사람을 잃어 우는 것보다는 그들이 살아온 삶을 축하해야 한다고 믿는다."[65]고 이야기했다. 처음에는 실험으로 시작했지만 다양한 연구와 연습을 통해 그들의 퍼포먼스를 발전시키고 있다며 이것이 가나의 문화로 자리 잡고 있

다고 그는 자신 있게 이야기했다.

　이렇듯 가나의 장례는 즐겁고 흥미로운 축제처럼 진행된다. 이는 장례식이 고인의 삶을 기리는 자리이고, 죽음이라는 것은 단절이 아닌 죽은 자의 영혼이 후손들의 주변에 머물며 위험을 알리고 행복한 순간을 함께한다는 가나 사람들의 영혼관이 반영된 문화이다.

　가나의 장례식은 고인이 사망한 날이 아닌 각자 흩어져 살고 있는 가족들이 모일 수 있는 날로 정해지기 때문에 주로 주말에 진행된다. 이렇게 모인 가족, 친지, 이웃들은 장례식에서 노래를 부르고 춤을 춘다.

● 가나의 장례식

장례와 관련하여 한 가지 특이한 점은 고인을 안장하는 관의 모양이다. 가나 사람들은 보통 우리가 알고 있는 직육면체 모양이 아닌 고인이 생전에 좋아했던 것, 갖고 싶어 했던 것 혹은 직업과 관련된 것, 토템 신앙과 관련된 동물 등 다양한 모양으로 관을 짠다. 이 풍습은 아타 오코*Ataa Oko*, 세쓰 카네 퀘이 *Seth Kane Kwei* 등 장인들이 선구적으로 시작해 1950년 가 사람들 사이에서 퍼져나가기 시작했다.

이 풍습이 크게 인기를 끌어 가나 사람들은 한 달 수입의 몇십 배를 능가하는 비용을 들여 관을 구매하기도 한다. 비행기 모양, 기타 모양, 닭 모양 등으로 만든 관은 가나를 이야기할 때 빼놓을 수 없는 예술품이 되기도 했고 국제 미술 전시회에 수출되기도 했다. 대영미술관의 아프리카관에도 가 사람들의 문화로 몇 개의 관이 상설 전시되어있다.

가나의 해안 마을 라_{La}에서 태어난 어부였던 아타 오코[66]는 1945년부터 독특한 모양의 관을 만들기 시작했고 노년기에는 관 제작을 그만두었다. 하지만 스위스의 인류학자이자 예술 사학자로서 현대 아프리카 미술을 포함한 가 사람들의 관 제작 풍습을 연구한 레굴라 추미_{Regula Tschumi}의 요청으로 자신이 만든 관과 관련한 그림을 그리기 시작했다.

카네 퀘이는 1950년 한 추장이 축제에 참여하는 데 필요한 카카오 모양의 가마를 만들었다. 그러나 축제가 시작되기 전에 추장이 사망했고 추장의 관으로 사용된 가마는 장례식에서 많은 찬사를 받았다. 얼마 지나지 않아 카네 퀘이의 할머니가 사망했는데 생전에 할머니는 비행기를 보며 매번 신기해했지만 타본 적이 없었다. 그는 할머니를 위해 비행기 모양의 관을 만들었고 그것을 본 이웃들이 카네 퀘이에게 독특한 모양의 관을 요청하기 시작했다. 이후 카네 퀘이가 만든 관은 현지어로 '아베부 아데카이'• 또는 '환상의 관'이라고 불린다.

1992년 카네 퀘이가 죽은 후에도 그의 작업장은 손자인 에릭 아제티 아낭_{Eric Adjetey Anang}의 소유가 되어 많은 장인과 함께

• 격언, 속담 상자라는 뜻

활동하며 독특한 모양의 관을 짜고 있다.[67]

에릭 아제티 아낭은 2010년 가나의 대표 디자이너로 세네갈에서 열린 블랙월드 축제에 초대받기도 했고, 미국을 비롯한 다양한 나라를 다니며 전시회 및 예술가 콘퍼런스 등에 참여하며 지내고 있다.

또 다른 관 제작 예술가인 파 조*Paa Joe*는 다니엘 멘사*Daniel Mensah*, 에릭 팍포*Eric Kpakpo* 등 후학을 양성하며 활발하게 활동하고 있는데 그의 이야기는 영국에서 〈파 조와 사자*Paa Joe and the Lion*〉라는 다큐멘터리 영화로 만들어졌다. 이 영화를 통해 '환상의 관' 예술 세계와 작가들의 삶을 가까이서 만나볼 수 있으며 독특한 모양의 관을 볼 수 있는 재미도 느낄 수 있다.

가나에서 지낼 때 평소에 갈 일이 없던 테시 지역에서 열린 춤과 젬베 워크숍에 참가한 적 있다. 이때 카네 퀘이의 작업장을 지나갔었다. 당시에는 독특하다고만 생각하고 입구 사진만 찍었는데 글을 쓰면서 문득 생각나 찾아보니 간판에 선명하게 '*Kwei Coffins*'라고 적혀 있다. 유명한 곳인 줄 알았더라면 들어가보았을 것을. 역시 아는 만큼 보이는 세상임을 다시 한 번 느낀다.

아무튼 죽으면 어떤 모양의 관에 들어가고 싶은지 사는 동안 생각해보는 것도 좋을 것 같다. 나는 아마도 아프리카 지도 모양이나 책 모양의 관을 선택할 것 같다.

흑인 분장의 역사

2020년 국내 한 고등학교에서 학생들이 얼굴을 검게 칠하고 관짝소년단의 흉내를 내며 졸업 사진을 찍은 것이 큰 화제가 되었다. 방송인 샘 오취리가 이것을 보고 인종 차별적인 처사라고 SNS에서 발언하면서 인종 문제가 한국 사회에서 화두가 되었다.

단일 민족 신화를 가지고 오랫동안 살아온 한국 사회에서 인종 문제는 상대적으로 적게 거론되어온 주제이다. 또한 국내 거주 외국인 중에서도 흑인의 비율이 적어 인종 차별 문제에 대한 이해도가 낮은 편이며 이 행위가 역사적으로 어떤 의미를 지니는지 고찰해볼 기회가 없었기에 초래된 사태가 아닐까 싶다. 여기서는 얼굴을 검게 칠하는 흑인 분장이 어떤 맥락에서 차별적 인식을 초래하는지 알아보려고 한다.

1832년 뉴욕 한 극장에서 〈점프 짐 크로우*Jump Jim Crow*〉를 공연하면서 시작된 흑인 분장은 미국 대중문화의 일부가 되었다. 흑인 분장을 한 이유는 극장 측이 주인공이나 다른 역을 연기할 흑인 배우를 구할 생각이 없었기 때문이다.[68] 이후 많은 공연에서 흑인 분장을 한 배우들은 남부 농장의 멍청한 흑인 노예 혹은 선한 백인에 대항하는 악한 흑인 등 흑인에 대한 고정 관념을 강화시키고 대중화시키는 역할을 했다. 심지어 흑인 연기자들조차 그러한 고정 관념이 반영된 흑인의 역할을 연기할 수

밖에 없었다.

최근에도 구찌나 프라다가 내놓은 상품이 흑인 분장적 요소를 띠고 있어 논란에 휘말리며 상품 판매가 중지되기도 했고,[69] 미국의 정치인, 연예인 등 유명인들이 이와 관련된 구설수에 오른 적이 있다.

관짝소년단을 패러디한 학생들에게 비난의 화살을 돌릴 일은 아니지만 이번 기회에 우리도 좀 더 다양한 문화와 배경을 가진 사람들을 대할 때 무지에서 비롯된 무례를 범하지 않도록 인종주의에 대한 주제가 지속적으로 공론화되었으면 좋겠다.

함께 생각하고 토론하기

가나의 아칸인들은 요일에 따라 이름을 짓습니다. 아칸인들은 오래전 이루어진 노예 무역과 오늘날 경제·사회적 원인 등 다양한 요인으로 아메리카 대륙뿐 아니라 세계 곳곳에서 살아가고 있습니다. 그래서 가나식 이름이 무엇인지 알면 가나에서 온 친구들을 만났을 때 대화의 물꼬를 빨리 틀 수 있습니다.

● 나의 가나식 이름을 만들어봅시다.

관짝소년단 사건을 통해 우리가 의도하지 않아도 내 주변 친구들 혹은 집단에게 상처를 줄 수 있다는 것을 알았습니다. 우리는 서로 다른 경험을 가지고 있고 성향과 성격도 제각각이기 때문입니다. 이러한 다름은 배제의 이유가 되는 것이 아니라 나와 다른 것을 배우게 하는 존재로써 존중받아야 합니다.

● 그동안 나와 다르다고 해서 미워하거나 배척했던 친구들이 있는지 생각해보고, 왜 그런 행동을 했는지 이유를 말해봅시다.

●● 미워하거나 배척했던 친구에게 어떻게 사과할 것인지 적어보고, 그들에게서 배울 수 있는 점이 무엇인지 생각해봅시다.

5부

여기를 가면
가나가 보인다

혀로 하는 실수는
발을 헛디디는 실수보다 더 나쁘다.

가나의 국립 공원

몰레 국립 공원

열대 지방 혹은 아프리카라고 하면 푸르른 대초원을 뛰어다니는 수많은 야생 동물이 생각나겠지만 아프리카 나라의 대도시를 방문해보면 이러한 상상은 깨지기 마련이다.

가나행 비행기에서 내리면 가장 먼저 발 딛는 곳이 수도 아크라인데 이곳은 너무 복잡하고 북적이며 때로는 혼을 쏙 빼놓을 정도로 바쁘고 큰 도시이다. 우리가 상상했던 아프리카의 대자연을 경험하기 위해서는 가나 최대의 국립 공원인 몰레 국립 공원으로 발걸음을 옮겨야 한다.

아크라, 쿠마시에 이어 가나 제3의 도시이자 북부 지역의 교

● 라라방가 모스크 (출처- Sathyan Velumani.jpg)

통 결절인 타말레에서 몰레 국립 공원이 위치한 작은 시골 마을 라라방가까지의 거리는 140킬로미터이다. 가나 남부 지역에서 북부 지역으로 올라가면 갈수록 빈부의 격차와 생활 방식, 기후 가 확연히 다르다는 것을 느낄 수 있다. 북부 지역은 남부 지역 보다 경제적으로 열악하고 도시의 모습보다는 자연과 더불어 살아가는 모습을 띤다. 또한 무슬림이 많고 날씨는 건조하다.

  몰레 국립 공원 여행의 시작점인 라라방가 마을에는 자그 마한 모스크가 하나 있는데 마을의 이름을 따 '라라방가 모스 크'라고 부른다. 1421년에 만들어진 라라방가 모스크는 서부 아프리카에서 가장 오래된 모스크 중 하나이다. 여러 개의 좁 고 세로가 긴 피라미드가 중첩된 듯한 모양에 바둑판식으로 꽂

● 젠네 모스크 (출처-Juan Manuel Garcia)

힌 목재 기둥이 건축물을 지지하는 수단 건축 양식으로 지어진 이 모스크는 말리의 젠네에 있는 젠네 모스크*와 건축 양식이 같다.

1958년에 야생 동물 보호 구역이었던 몰레 국립 공원은 1971년에 국립 공원으로 지정되었다. 90여 종의 포유류와 742종의 관속 식물, 334종의 조류, 33종의 파충류, 양서류 9종, 나비 약 120종 등이 서식하고 있는 생물 다양성이 풍부한 곳이다. 다른 서부 아프리카의 적도 지역에 비해 인구가 적은 곳에 위치해 장기간

● 젠네 모스크는 신붉 벽돌로 지어진 세계 최대의 건축물로 유네스코 세계 문화유산에 등록되어있다.

● 몰레 국립 공원 사파리 차량

심도 깊은 연구를 할 수 있어 동식물학자들에게 인기가 많다. 또한 동부 아프리카의 세렝게티, 마사이 마라 등에 비해 상대적으로 저렴한 사파리 가격과 비교적 용이한 접근성 등으로 몰레 국립 공원에는 관광객의 발길이 끊이지 않는다.

탄자니아의 세렝게티는 여행이 시작되는 도시인 아루샤에서 출발해 응고롱고로 게이트까지 반나절 그리고 이후 비포장도로를 반나절 더 달려야 도착하는 거리 때문에 체력 소모가 크다. 그리고 가나와 이웃한 나라인 베냉의 펜자리 국립 공원에는 배낭여행자들을 위한 사파리 프로그램이 따로 마련되어 있지 않아 혼자 가더라도 차 한 대를 대절해야 해서 비용 부담이 크다.

　반면 몰레 국립 공원은 라라방가에서 접근하기 쉽고 하루
에 네 번 사파리를 출발하는 시간이 정해져 있어 그 시간에 맞
춰 공원 앞으로 가면 모여있는 관광객들과 한 조를 이루어 지
프 비용을 나누어 낼 수 있으니 부담이 덜 하다. 차 위에 올라
탈 수 있게 만들어놓은 지프를 타고 사파리 투어를 할 때 온몸
으로 맞이하는 대초원의 바람 또한 이곳 사파리의 매력 중 하
나이다. 지프 사파리뿐 아니라 도보 사파리, 자전거 사파리, 야
간 사파리 등 다양한 프로그램이 운영되고 있으니 취향에 따
라 선택할 수 있다.

카쿰 국립 공원

케이프코스트에서 북쪽으로 20킬로미터 정도 떨어진 곳에 있는 카쿰 국립 공원에는 30미터 높이에 일곱 개의 흔들 다리가 있다. 그 위에서 밀림을 내려다보는 것은 아찔한 경험이다.

카쿰 국립 공원에는 멸종 위기에 처해있는 다이애나원숭이, 봉고영양, 아프리카코끼리 등이 서식하고 있으며 가나에서 가장 큰 나무 중 하나인 체리 마호가니의 자생지이기도 하다. 다양한 수종이 인간에게 베풀어주는 혜택에 대해 설명해주는 가이드의 이야기를 듣고 있으면 자연이 우리에게 얼마나 중요한 존재인지 다시 한 번 깨달을 수 있다.

케이프코스트성과 엘미나성

가나의 지방을 둘러보다 보면 바쁜 일상을 사는 한국에서는 알지 못했던 내적 흥을 발산할 때가 있다. 바로 길에서 한껏 어우러져 춤을 추고 노래 부르는 동네 사람들을 만났을 때이다. 이런 만남은 꽤 빈번하게 이루어진다.

아크라에서 서부 해안을 따라 150킬로미터 정도 떨어진 케이프코스트나 엘미나는 관광객들이 몰리고 새로운 문화와 사람이 유입되면서 많은 교류가 이루어지고 다채로운 즐거움을 나눌 수 있는 곳이다. 그러나 이곳의 역사를 알게 되면 마냥 신나게 이곳에서의 여행을 즐길 수 없을 뿐더러 바닷물에 발을 담그는 것조차 숙연해질 것이다.

1482년 포르투갈인에 의해 세워신 엘미나성은 사하라 이남에서 가장 오래된 유럽 건축물이자 기니만의 첫 번째 교역 기지였다. 엘미나성과 14킬로미터 정도 떨어져 있는 케이프코스트성은 16세기 중반 포르투갈에 의해 세워졌고 이후 유럽 국가들과 서부 아프리카 지역의 목재와 금 무역의 중심지 역할을 했다.

유럽과의 교역이 이루어지던 이곳은 점점 대서양 노예 무역의 중심지로 바뀌어갔다. 18세기 중반부터 중남미 지역 플랜테이션 농업에 필요한 노동 인력이 부족해지기 시작하자 서부 아프리카의 많은 사람이 노예로 팔려갔는데 반인류적 노예 무역의 기지로 이 성들이 이용된 것이다. 개조된 성에는 지하 던전이 만들어졌고 성주와 관리자들이 내륙에서 잡혀온 노예들을 효율적으로 감시할 수 있도록 각종 시설이 갖추어졌다.

케이프코스트성과 엘미나성 그리고 이곳과 인접해있는 여러 성과 요새는 1979년 유네스코 세계 문화유산으로 지정되어 관리되고 있다. 케이프코스트성과 엘미나성은 가이드의 안내에 따라 내부 관람이 가능하다. 캄캄한 지하 던전, 배변과 같은 오물을 처리하기 위해 얕게 파놓은 하수로, 성주의 성노예로 이용된 여성들이 성주의 방으로 올라가기 위해 만든 계단, 대서양을 횡단하는 배를 타기 위해 마지막으로 성에서 나가게 되는 '돌아올 수 없는 문' 등 상상하고 싶지 않은 역사를 상상하게 만드는 현장이 그대로 남아있다.

● 케이프코스트성

● 엘미나성

● 돌아올 수 없는 문

나는 2015년 이곳을 관람한 후 일기를 남겨놓았다.

빛도 안 들어오고 환풍, 수도 시설도 제대로 안 된 곳에 몇백, 몇천 명의 사람을 모아 몇십 일 동안 가둬둔다. 그리고 공포와 무기력감 등으로 위축된 사람들을 배에 태워서 다시 돌아올 수 없는 곳으로 보내버린다. 배 안에서도 짐짝처럼 취급당해 압사도 많이 당하고 바다에도 많이 버려지고⋯. 몇백 년 전의 역사는 그렇게 이해할 수 없이 잔인했지만 바다는 계속해서 몰아 들어오고 몰아 나간다. 평화로운 해변 마을의 분위기를 만들면서.

엘미나성과 케이프코스트성을 비롯한 이 지역의 성들은 19세기 초반 노예 무역이 중단되면서 영국 식민 정부의 성과 감옥 등으로 이용되었고, 지금은 다시는 되풀이되지 말아야 할 인류사의 흔적을 남긴 유산이 되었다. 또한 아프리카 출신 흑인들의 강제적인 디아스포라를 상징하는 대표적인 건축물이 되었다.

비록 과거는 바꿀 수 없지만 노예제 같은 인간에게 억압적인 제도가 인문학적 성찰과 평등 의식 없이는 어떤 집단을 향해서든 또다시 발생할 수 있는 역사이며, 이것이 나와 우리를 위해 꼭 막아야 하는 일이라는 것을 깨닫게 한다는 점에서 가나의 성채들은 꼭 방문해볼 만한 가치가 있다.

《밤불의 딸들》과 야 지야시[70]

가나에서 태어나 미국으로 이주해서 작가 생활을 하고 있는 야 지야시의 책 《밤불의 딸들》이 2021년 3월에 출간되었다.

이 책은 어릴 적 버려져 서로의 존재를 모른 채 한 명은 노예 무역의 중심지였던 케이프코스트성 성주의 아내로, 다른 한 명은 노예로 팔려갈 운명에 처한 자매 이야기로 시작한다. 그리고 이 두 집안의 기구한 운명은 가나와 미국에서 7대에 걸쳐 이어진다. 300년 동안의 대를 잇는 아픔을 그린 이 책을 통해 역설적이게도 가나의 풍경과 풍습, 미국 내 노예 제도, 흑인 인권 등과 관련된 역사적 흐름을 쉽고 재미있게 접할 수 있다.

아샨티 제국의 문화가 남아있는 쿠마시

가나 제2의 도시인 쿠마시도 관광지 목록에서 빼놓을 수 없다. 쿠마시는 아샨티 제국의 수도로 왕국의 문화를 많이 간직하고 있으며 가나 사람들의 문화적, 정신적 수도 역할을 하는 곳이다. 쿠마시에는 아샨티 왕조와 관련된 맨시아왕궁박물관, 프렘페 2세 기념박물관이 있으며 이들의 문화유산을 보존하고 전파하는 역할을 하는 국립문화유산센터도 있다.

2019년 기준 300만 명이 넘는 인구가 살고 있는 대도시인 만큼 쿠마시에는 도시적인 관광지도 많은데 대표적인 곳으로는 케제티아 시장, 가나의 군대박물관인 쿠마시성, 현대적으로 조성된 라트리 공원이 있다.

맨시아왕궁박물관

맨시아왕궁박물관은 1995년 프렘페 1세와 프렘페 2세의 거주지에 조성되었으며 200년이 넘은 왕실 예복, 가구, 아샨티 제국 최초의 흑백 텔레비전 등 아샨티 왕조의 유적이 가득하다. 프렘페 1세와 프렘페 2세뿐 아니라 1888년부터 현재까지 8대에 달하는 아산테헤네의 물품도 갖추고 있는 중요한 국가적 유산이다.

● 맨시아왕궁박물관   (출처-Nkansahrexford.jpg)

프렘페 2세 기념박물관

1954년 조성된 박물관으로 프렘페 2세가 18년 동안 아샨티 제국을 통치했을 때 사용했던 각종 왕실 물건이 전시되어있다. 아샨티 왕조의 정신적 상징이지만 훼손되어 남아있지 않은 황금 의자를 재현하여 소장하고 있다.

케제티아 시장

케제티아 시장은 서부 아프리카에서 가장 큰 시장이다. 2010년 중반까지만 하더라도 몇 차례 화재로 인해 불에 그을린 뼈대만 드러내고 있던 재래시장이었지만 화재 이후 대대적인 공사를 진행하여 지금은 현대화된 시장이 되었다. 이곳에는 식재료, 귀금속, 수공예품, 각종 패션 제품 등 다양한 물건을 팔고 있다.

라트리 공원

2015년 쿠마시를 서부 아프리카의 정원 도시로 조성하기 위한 계획의 일환으로 라트리 공원이 조성되었다. 호수와 놀이

● 케제시아 시장   (출처-Geo Tour Ghana)

● 라트리 공원   (출처-Aeroshutter)

터, 운동 시설, 카페 등 즐길 거리가 많은 이곳에는 가나 최초로 만들어진, 음악에 맞추어 춤을 추는 분수가 있다.

국립문화유산센터

아샨티 제국과 가나의 다양한 문화를 전달하는 국립문화유산센터는 입구부터 가나의 상징 철학이자 일종의 문자 역할을 한 아딘크라 문양으로 장식되어있다. 야외 작업장에서는 장인들이 황동 세공, 나무 조각, 도자기 제작, 천 염색, 켄테 직조를 진행하며 아딘크라 문양을 찍어 직물을 완성하는 모습도 직접 볼 수 있다. 실내 공간에는 공예품 가게 및 카페가 있다.

군대박물관 쿠마시성

19세기 지어진 성곽인 쿠마시성은 군대박물관으로 운영되고 있다. 이곳에는 전쟁에 사용된 무기, 장갑차, 항공기, 전투복 등이 전시되어있다.

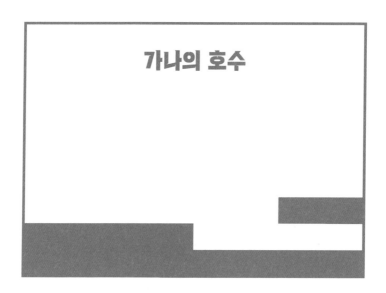

가나의 호수

세상에서 제일 큰 인공 호수, 볼타 호수

볼타강은 가나 전역을 남과 북으로 가로질러 흐르는 강이다. 가나의 북쪽 국경을 맞대고 있는 부르키나파소의 보보 디울라소 고원에서 발원했다. 그래서 부르키나파소의 옛날 이름도 '볼타강 상류'라는 뜻인 오토볼타[71]였다. 볼타강은 블랙볼타, 레드볼타, 화이트볼타 세 지류로 나뉘어 흐르다가 기니만의 아다포아*Ada Foah*에서 합류하여 바다로 흘러간다.

볼타*Volta*라는 이름은 15세기 포르투갈에서 온 금 상인에 의해 처음 붙여졌는데 포르투갈어로 '비틀리다, 회전하다'라는 뜻이다. 강의 곡선을 형용하는 말이기노 하고 거향차기 전 배

와

타말래

토고

가나

쿠마시

아크라

세콘디 타코라디

● 볼타 호수 위치

를 돌리는 곳이라는 의미로 불려졌을 것이다.

1961년 콰메 은크루마 대통령은 가나 전역에 전기를 공급하기 위해 볼타강 하류에 위치한 아코솜보 지역에 국가 최초의 발전소인 아코솜보댐을 설치했다. 볼타댐이라고도 불리는 이 댐으로 인해 가나에는 세상에서 가장 큰 인공 호수인 볼타 호수가 생겼다. 볼타 호수는 여객선, 화물선 등이 오가는 중요한 운송로이며, 목재 채취업, 어업, 관광업 등이 이루어져 지역 거주민의 생활에 필수 불가결한 곳이 되었다.

가나 전력의 공급처 아코솜보댐

볼타강전력청에 의해 관리되고 있는 아코솜보댐은 지금까지도 국가 전력의 절반가량을 생산하고 있으며 토고, 베냉 등에도 전기를 수출하고 있는 주요 국영 시설이다.

아코솜보는 볼타 호수 관광의 중심지로 한적한 호숫가에서 여유를 누릴 수 있으며 각종 수상 액티비티를 즐길 수 있다. 볼타 호수가 조성되면서 생긴 도디섬으로 향하는 크루즈선 또한 이곳에서 출발한다.

● 아코솜보댐

● 볼타 호수와 아도미 다리

볼타강을 가로지르는 아도미 다리는 가나에서 가장 긴 현수교이자 가나 최초의 현대적 연구 다리이다. 이곳에서 야경을 보고 있으면 가나의 현대를 느낄 수 있다.

둠소

아코솜보댐에서 국가 전력의 절반가량이 생산된다고는 하나 경기 침체에도 불구하고 가나의 전력 수요는 갈수록 늘어나고 있다. 그래서 가뭄으로 댐 수위가 낮아지면 가나 전역에서 전력난이 발생하는데 이는 가나에서 자주 발생하는 사회 문제 중 하나이다. 중요한 작업을 하고 있는데 와이파이가 꺼져버린다거나 샤워를 하고 있는데 전등이 나가고 물이 끊겨버리기도 한다. 또한 전기카드*를 충천하러 갔는데 관리 시스템이 꺼져버려 충전을 못하는 경우도 자주 발생한다.

둠소는 취어의 방언으로 *dum*(끄다), *so*(켜다)라는 의미이다. 즉 전기가 들어오고 나가는 현상을 말하는데 가나에서 생활하면서 둠소 대비는 필수적이다. 일반적으로 고급 주택가나 사무실에서는 중유로 구동되는 예비 발전기나 전압 안정기를 두고 관리하고 있다.

---

* 가나에서 전기는 보통 도시 곳곳에 위치하는 가나전력청의 충전 사무실에 방문해 일정 금액을 주고 충전한 만큼 사용한다.

　　쿠마시에서 남동쪽으로 약 30~40킬로미터 떨어진 곳에 가나 유일의 자연 호수가 있다. 자연 그대로의 한적함과 호젓함을 느낄 수 있는 곳이지만 가는 길이 평탄치는 않다. 아크라에서 쿠마시를 거쳐 에지수*Ejisu*라는 곳으로 가 비포장도로를 따라 한참 가다 보면 드디어 이곳에 도착한다. 지도상으로는 4시간 거리지만 실제로는 두 배 이상 걸리기도 한다.

　　보솜취 호수는 고대 운석이 떨어져 형성된 분화구에 물이 차 생겨난 운석호인데 분화구는 직경이 10.5킬로미터, 호수의 지름은 약 8킬로미터 정도 된다. 홍적세 시대였던 10억 700만 년 전에 충돌이 일어나 형성된 것으로 추정된다.

　　1648년 아샨티 제국의 사냥꾼이 영양을 쫓고 있었는데 한 연못에서 영양이 사라지자 그곳을 영양의 신 이름을 따 보솜취라고 명명한 데서 이름이 비롯되었다고도 한다. 아샨티 제국 사람들은 이곳을 신성한 호수로 여겼다. 전통 신앙에 따르면 죽은 영혼이 보솜취 호수에 와서 대양의 여신에게 작별 인사를 고하는 곳이라고 한다.

　　보솜취 호수에는 고유 어종을 포함한 다양한 시클리드 어종●이 산다. 호수 주변에는 30여 개의 마을이 있는데 마을 인구가 늘

● 열대 기후 지역에 서식하는 담수어로 관상어로도 인기가 높다.

어남에 따라 어종이 줄어 농업 의존도가 높아졌다. 관광객들에게 가장 유명한 마을은 아보노인데 이곳에서는 승마, 수영, 낚시 등을 즐길 수 있다.

호수 위에 세워진 마을

은줄레주

가나의 수도 아크라보다 코트디부아르의 수도 아비장과 더 가까운 곳에 베인이라는 해변이 있다. 야자수들이 줄지어 서 있는 해변인데 베인이라는 이름도 '키 큰 야자나무'라는 말에서 유래되었다고 한다. 베인은 해변 자체도 좋지만 수상 가옥 마을인 은줄레주를 방문하기 위해 들르는 곳이다.

은줄레주는 2000년에 유네스코 세계 문화유산으로 지정된 지역으로, 타디네 호수 위에 죽마로 만들어진 마을이다. 물 위에 지어졌지만 특이하게도 이곳 사람들은 어업이 아닌 농업에 주로 종사하며 살고 있다. 이들이 왜 고립된 수상 가옥 마을을 이루었는지 알려진 바는 없지만 호수 숭배 사상이 영향을 끼쳤을 것이라고 추측된다.

베인에서 긴 나무배를 타고 열대 우림 지역을 지나 은줄레주 마을로 가다 보면 탐험가가 된 듯한 느낌을 받기도 한다. 마을 안에 있는 관광객 시설은 열악한 편이므로 베인에서 숙박하고 은줄레주에는 반나절 정도 다녀오는 것이 좋다.

베냉 간비에

가나의 동쪽에 남북으로 길쭉한 두 나라가 있는데 토고와 배냉이다. 베냉의 수도 코토누에서 24킬로미터 정도 떨어진 곳에 수상 가옥 마을 간비에가 있다. 배를 타고 들어가 나무 발판인 죽마를 딛고 각자의 집을 다닐 수 있게 마을이 조성된 은줄레주와 달리 간비에는 집들이 그냥 물 위에 떠 있는 형태로 조성되었다.

이 지역 사람들은 종교적 이유로 물을 건너지 못하던 다호메이 노예 사냥꾼들을 피해 물 위에 집을 짓고 살았기 때문에 나무배가 마을 내의 교통수단이다.

마을에 있는 식당이나 술집, 기념품 가게 등을 방문하려면 나무배를 타고 가야 한다. 간비에에는 약 2만여 명의 주민이 살고 있다. 각종 생필품을 파는 사람들은 각자의 나무배에 물품을 싣고 마을의 도로인 물 위를 다닌다.

● 은줄레주 수상 가옥 마을　　● 간비에 수상 가옥 마을 (출처-Chrisoph Wolf)

웨쵸 하마 서식지[72]

　가나 북부 어퍼웨스트 지역에 위치한 웨쵸*Wechiau*는 부르키나파소와 접경해있으며 마을 서쪽에는 블랙볼타강이 흐르고 있다. 블랙볼타강에는 하마가 사는데 1998년 이 지역의 추장과 지역 활동가들이 제안하여 이를 관광 자원으로 활용한 지역 기반의 관광 커뮤니티가 만들어졌다.

　웨쵸는 가나 최북단에 위치해있으며 아크라에서 800~900킬로미터 떨어져 있다. 아크라에서 쿠마시와 타말레를 거쳐 어퍼웨스트의 주도 와*Wa*에 도착한 후 다시 40킬로미터 정도를 더 가면 웨쵸 마을의 초입에 있는 관광 안내소 겸 티켓 판매소를 만날 수 있다. 사실 수도 아크라에서 멀리 떨어지면 떨어질수록 경제뿐 아니라 사회·문화적 측면에서도 빈부 격차를 체감

● 블랙볼타강 하마　　　　　　　　　　　　(출처-Ghana Safari Tours)

할 수 있는데 웨쵸는 접근성이 매우 떨어지는 곳인데도 관광객을 위한 프로그램이 체계적으로 갖춰져 있어서 인상 깊었다.

웨쵸 하마 서식지의 조성과 운영은 지역민과 가나 관광청, 와 웨스트 정부 사무소, 자연 보호 연구센터, 가나의 자연 보호 관련 NGO들, 캐나다의 캘거리동물원 등이 관여했다. 이들은 웨쵸를 생태 관광지로 만들기 위해서 가이드와 주민들을 교육하고 게스트하우스를 짓고 프로그램을 기획했다.

이렇게 조성된 마을에는 관광객들이 꾸준히 방문하고 있고 관광 수입으로 이 지역에 초등학교와 우물 등이 만들어졌고, 2008년에는 유엔개발계획에서 생물 다양성을 보전하고 지속 가능한 개발을 통해 빈곤율을 감소시킨 지역 사회에 수여하는 적도상을 마을이 함께 수상하기도 했다.

마을 아저씨들의 친목 공간이기도 한 관광 안내소에는 마을 관광 금액표가 있다. 이곳에서는 블랙볼타강변까지 갈 수 있는 교통수단인 자전거, 오토바이, 트로트로 등을 대여할 수 있다. 또한 한 시간짜리 강 사파리, 마을 투어, 조류 관찰 사파리를 비롯한 투어 옵션, 캠핑 혹은 게스트하우스, 홈스테이 등의 숙박 옵션 등을 선택할 수 있다.

가나의 해변

기니만에 맞닿아있는 539킬로미터의 해안선은 가나의 남부 국경 경계선이다. 그래서 가나에는 아크라의 코크로비네 해변과 라바디 해변, 케이프코스트 해변과 엘미나 해변뿐 아니라 다양한 해변이 많다.

한국과는 달리 가나 바다의 파도는 무척 세다. 일본이나 중국이 조류를 약하게 만드는 한국 바다와는 달리 작은 섬들 외에 어떤 장애물도 없는 대서양 파도의 위력은 대단하다. 파도를 한 번 맞으면 등을 두들겨 맞는 기분이 들 정도이다. 대서양에서의 수영은 몸으로 지리학을 배우게 한다.

보조 해변Bojo Beach

아크라 근교에 있는 보조 해변은 지형적으로는 덴수 삼각주 보호 지역 서쪽에 위치해있다. 웨이자 저수지에서 흘러나온 덴수강이 대서양으로 흘러나가는 강 하구에 보조 해변이 있다. 보조 해변의 모래 해안으로 가려면 배를 타고 나가야 하는데 일상에서 벗어나 고립된 지역으로 들어가는 듯해 새로운 기분을 만끽할 수 있다. 깨끗한 모래 해변이 관광객들을 반기며 야자수 잎으로 만들어진 파라솔 아래에서 맛있는 음식도 먹고 바다 수영을 하거나 보트를 타고 바다 위를 유람할 수 있다.

악심 해변Axim Beach

악심 해변은 고급 로지● 외에 여행자 시설이 많지 않아 조용히 휴양을 즐길 수 있는 곳이다.

식민 통치 이전 유럽에서 온 고깃배들이 악심에서 쉬어가곤 했는데 그때 백인들이 지나갈 때 악심 사람들이 계속 "에도 에르즈 메오Edo erze meo?(당신 나를 아십니까?)"라고 물었다고 한다. 이 말을 계속 듣던 유럽 사람들이 발음을 잘 못해서 변형되다

● 오두막 형태의 숙박 시설

보니 '악심'이 되었다고 한다.*

부수아 해변*Busua Beach*

가나 웨스턴주에 위치한 이곳에는 해변의 고급 로지뿐 아니라 가족이 운영하는 소규모 로지까지 다양한 숙소가 마련되어 있어 예산에 맞게 숙소를 선택할 수 있다. 부수아 해변은 케이프코스트 해변보다 정적이고 조용한 분위기이지만 특유의 몽글한 분위기를 그대로 느낄 수 있다.

● 부수아 해변   (출처-Tom Lubbe)

* 미국의 원조 기관 국제개발처에서 이 지역 어촌장과 인터뷰를 하여 알아낸 내용이다.

226

함께 생각하고 토론하기

가나의 케이프코스트성과 엘미나성, 은줄레주 수상 가옥 마을 등은 유네스코 세계 문화유산으로 지정되었습니다. 한국에서 유네스코 문화유산으로 지정된 곳은 경주의 석굴암과 불국사, 수원화성, 고인돌 유적 등이 있습니다. 이렇게 어느 나라, 어느 지역이든 인류사 보편적으로 귀중한 가치를 지녔다고 인정되는 문화유산이 있습니다. 모든 문화에 우열 관계를 따질 수 없다는 뜻입니다.

● 문화가 지닌 다양한 가치의 동등성을 주변에 알리고, 가나와 아프리카에 대해 더 많은 사람이 알 수 있도록 우리가 할 수 있는 일은 무엇이 있을까요?

●● 가나 여행을 간다면 가고 싶은 곳과 그 이유에 대해서 이야기를 나눠봅시다.

가나와 한국의 접점

가나와 한국은 1977년 수교를 시작하여 현재까지 외교 관계를 유지하고 있으며 양국에 상주 공관이 있다. 주가나대한민국 대사관에 의하면 2018년 기준 양국의 교역량은 2억 51만 달러로 자동차, 합성수지, 기타 섬유 제품 등의 수출량이 2억 2만 달러 정도 되고 건전지, 축전지, 동 제품 등의 수입품이 그 나머지를 차지한다.[73] 2019년 외교부 자료에 따르면 가나에 머무르는 재외 동포는 약 800여 명[74]인데 내가 경험하기로 아크라에는 한국의 주요 기관에서 파견되어 비교적 짧은 기간(몇 년이 상대적으로 짧은 기간일 수도 있다는 점!) 가나에 머무르는 한인이 많고, 주요 한인 커뮤니티가 형성되어있는 테마에는 오랫동안 살고 있는 한인이 많다. 이들은 수산업, 가발 제조업, 선교, 기타 사업 등에 종사하고 있다.

배를 타는 사람들

특히 수산업 종사자들은 가나 한인 사회의 시초인 만큼 그 역사가 길고 영향력이 크다. 1960년 후반 서부 아프리카 해역에 진출한 몇몇 원양 어업 회사가 테마에 주재원을 파견한 것이 그 시초이다. 테마는 아크라에서 북동쪽으로 약 한 시간 거리에 있는 항구 도시로 인천과 같은 곳이라고 보면 된다. 참고로 테마는 1960년대 초 콰메 은크루마 대통령의 지휘하에 건설된 계획도시로 1960년대 아프리카 대륙에서 가장 큰 인공 항만이었고, 지금도 가나 수출의 85퍼센트가 이곳에서 이루어질 정도로 중요한 곳이다.[75]

현재 한인이 가나에 설립한 수산 회사로는 아프코, 파노피수산, 아그네스박수산, 동호수산 등이 있는데 이 회사 모두 1960년대 초부터 테마항을 기지로 두고 조업하던 한국의 원양 선단이 모두 철수한 뒤 일부 선장과 주재원들이 가나에 남아 현지인들과 합작 형태로 설립된 것이다.

그중 아프코에 대한 이야기를 조금 더 써보고자 한다. 내가 가나에 살면서 처음 알게 된 것은 아프코라는 회사보다 아프코의 초대 설립자인 김복남 회장님이다. 매일 운동을 하러 다니던 피트니스 센터 주변에 골프 클럽이 있었는데 지나갈 때마다 익숙한 한국식 이름인 'Bok Nam Kim Golf Course'가 반가웠다. 그리고 나서 아프코에 대해서 알게 되었다.

1976년에 설립된 아프코는 1990년대 초반까지 가나 5대 기업 중 하나였을 정도로 영향력이 컸던 수산 회사이다. 가나에서 번 돈은 가나에 돌려주어야 한다는 신념을 갖고 있는 김복남 회장은 지역에서 교육 사업을 펼치고 태권도를 보급했으며 체육 발전을 위해 지원을 아끼지 않으셨다고 한다. 1995년 타계하셨지만 그가 세운 김복남농업학교와 운동 시설은 여전히 남아 가나 사람들의 몸과 마음을 건강히 하는 데 도움을 주고 있다.

가나의 시골 마을에 태권도 학원 차가?

2005~2016년 가나 관세청 자료에 따르면 가나에 수입된 100만 대 이상의 자동차 중 80퍼센트가 중고 제품이다. 가나에서는 여러 경제적 이유로 자가용, 택시, 트로트로 등 차량을 이용할 때 신차보다는 중고차를 선호되는 편이다. 그중에서도 한국 차는 내구성이 좋고 자동차 부품 공급이 용이하다는 이유로 인기가 많다. 2018년 코트라 자료에 따르면 한국은 가나 중고차 주요 5대 수입국 중 하나라고 한다.

그래서인지 가나의 깡촌 시골 마을에서도 한국에서 온 차를 만날 수 있다. 실제로 가나를 여행하면서 킨탐포 폭포로 가는 길에 '차돌체육관'의 차를 탔고, 와에서 아크라로 돌아오는 길에 한국 지방자치단체의 관용차로 쓰였던 차를 탄 적이 있다. 이태원이나 아프리카 관련 행사에 가보면 중고차와 관련된 일을 하는 가나 사람을 종종 만날 수 있다.

한국에 가나를 알린 것이라고 하면 초콜릿이 생각나고, 가나를 알린 사람이라고 하면 샘 오취리가 떠오른다. 한국어를 유창하게 구사하는 외국인들이 모여 앉아 한국에 대해 이야기하는 한 방송 프로그램에서 이름을 알린 그는 우리 사회에 있는 다양한 소수의 구성원에 관한 이야기를 들려주고 공론화시킨 사람임에 틀림없다.

2018년 평창 동계 올림픽과 가나

2018년 평창에서 동계 올림픽이 열렸을 때 한 흑인 선수가 눈길을 끌었다. 바로 가나 대표 팀 소속 아콰시 프림퐁*Akwasi Frimpong*이다. 그는 동계 올림픽 스켈레톤 종목에 출전하는 최초의 흑인 선수였다. 한인 회장이 운영하는 가나 기업인 페이스위치가 후원하여 올림픽에 참여한 것이라는 소식에 국내 언론도 많은 관심을 가졌다.

페이스위치의 최승업(현지 이름 Kojo Choi) 회장은 당시 가나 선수단 부단장을 맡아 방한하기도 했다. 2020년 40대 중반이 된 그는 30대부터 가나에서 가장 성공한 15명의 사업가 중 한 명으로 언론에 소개되었고 〈포브스코리아〉에서도 30대의 가장 뛰어난 사업가로 소개되었다. 최승업 회장은 중학교 때 가나로 가서 가나대학교를 졸업했다. 가나에 무한한 애정을 가지고 있으며 현지에서 광고업, 통신업 등의 사업체를 일군 경

● 가나 국가 대표 팀 입장 (출처-최승업)

● Kojo Choi 사장과 아콰시 프림퐁 선수 (출처-최승업)

험으로 현재 페이스위치를 운영 중이다. 또한 아크라에서 패
스트푸드와 패밀리 레스토랑 프랜차이즈도 운영하는 등 그는
타고난 사업가이다.

　이처럼 직선 거리로 1만 2,771킬로미터나 떨어져 있는 곳이
지만 가나와 한국을 연결하는 접점은 다양하고 가나를 사랑하
는 열정으로 현지에서 열심히 살아가는 한인이 많다. 나 또한
이 책을 통해 가나를 알리는 데 자그마한 역할로나마 기여했
으면 하는 바람이다.

참고 자료

1 MESTI NEWS, "Ghana markes World Day to Combat Drought and Desertification, https://mesti.gov.gh/ghana-marks-world-day-combat-drought-desertification/, 검색일 2021.02.16.

2 Ghana High Commision, National Symbols, https://ghanahighcom.org.au/site/flag-and-coat-of-arms, 검색일 2020.12.08.

3 World Population Review, https://worldpopulationreview.com/world-cities/accra-population, 검색일 2020.11.26.

4 머니투데이, 세계 10대 오염 지역 발표, 2013.11.10, 검색일 2020.10.26, https://news.mt.co.kr/mtview.php?no=2013111018168824238&outlink=1&ref=https%3A%2F%2Fsearch.naver.com

5 연합뉴스, 유럽발 폐가전제품, 가나 먹거리 위협…달걀서 다이옥신 검출, 2019.04.25, 검색일 2020.10.26, https://www.yna.co.kr/view/AKR20190425047300009?input=1195m

6 맥스 알렉산더, 《아프리카의 배터리킹》, 시공사, 2015

7 한아프리카재단, 아프리카투데이, 2019.4.5, https://k-af.or.kr/load.asp?-subPage=410.View&searchValue=dw&searchType=content&page=7&dcate=&idx=2585, 검색일 2020.10.26.

8 Ghana place names, lhttps://sites.google.com/site/ghanaplacenames/, 검색일 2020.10.26.

9 앤드류 심슨, 《아프리카 아이덴티티》, 지식의 날개, 2016

10 Ghana web, KNUST ranked best university in West Africa, https://www.ghanaweb.com/GhanaHomePage/NewsArchive/KNUST-ranked-best-university-in-West-Africa-798357, 검색일 2020.10.26.

11 Wikipedia, 마이클에시엔, https://ko.wikipedia.org/wiki/%EB%A7%88%EC%9D%B4%ED%81%B4_%EC%97%90%EC%8B%9C%EC%97%94, 검색일 2021.02.16.

12 The Conversation, "Women in Ghana progress but important challenges remain", https://theconversation.com/women-in-ghana-progress-but-important-challenges-remain-130065, 검색일 2021.02.20.

13 World Economic Forum, 〈The Global Gap Report 2017〉, 2017

14 The DHS Program, 〈Ghana Demographic and Health Surveys〉, 2014

15 Countryeconomy, Ghana-Literacy Rate, https://countryeconomy.com/demography/literacy-rate/ghana, 검색일 2021.02.20.

16 Livingcost, Prices in Ghana & South Korea - Cost of Living Comparison, https://livingcost.org/cost/ghana/south-korea, 검색일 2020.10.24.

17 XE, 1 USD to GHS, https://www.xe.com/currencyconverter/con-

vert/?Amount=1&From=USD&To=GHS, 검색일 2020.12.06.

18 Statista, Ghana: Share of economic sectors in the gross domestic product(GDP) from 2009 to 2019, https://www.statista.com/statistics/447524/share-of-economic-sectors-in-the-gdp-in-ghana/, 검색일 2020.12.08.

19 U,S. International Trade Commission(USITC), Facors Affecting Growth in Ghana's Services Economy, https://www.usitc.gov/publications/332/executive_briefings/powell_ghana_ebot10-15-2015.pdf, 검색일 2020.12.08.

20 외교부, 〈가나 개황〉, 2019

21 NS Energy, Top five gold mining countries of Africa from Ghana to Burkina Faso, https://www.nsenergybusiness.com/news/top-gold-mining-countries-africa/, 검색일 2020.12.06.

22 Frank Holmes, Top 10 Gold Producing Countries, http://www.usfunds.com/investor-library/frank-talk/top-10-gold-producing-countries/#.X8yyU1UzbIU, 검색일 2020.12.06.

23 Karl Pauw, The State of Agriculture in Ghana, https://www.poverty-action.org/sites/default/files/Pauw-agriculture-in-ghana.pdf, 검색일 2020.12.11.

24 이상수 가나 아크라 무역관, 가나 농수산업, https://news.kotra.or.kr/user/globalAllBbs/kotranews/album/2/globalBbsDataAllView.do?dataIdx=175697, 검색일 2020.12.11.

25 Michal Brink, Important role of forestry in Ghana, http://saforestryonline.co.za/articles/forestry_in_africa/important_role_of_forestry_in_ghana/, 검색일 2020.12.11.

26 The World Bank, Forest area(% of land area) - Ghana, data.worldbank.org/indicator/AG.LND.FRST.ZS?locations=GH, 검색일 2021.07.11.

27 ECOWAS, History, https://www.ecowas.int/about-ecowas/history/, 검색일 2020.12.12.

28 BBC News, Piracy in West Africa: The World's most dangerous seas?, https://www.bbc.com/news/world-africa-48581197, 검색일 2020.12.19.

29 Wikipedia, Transport in Ghana, https://en.wikipedia.org/wiki/Transport_in_Ghana, 검색일 2020.02.13.

30 International Trade Administration, Railway Industry, https://www.trade.gov/country-commercial-guides/ghana-rail-industry, 검색일 2020.02.13.

31 오마타 나오히코, 《아프리카인, 신실한 기독교인, 채식주의자, 맨유열혈팬, 그리고 난민》, 원더박스, 2020

32 UNHCR, Figures at a Glance, https://www.unhcr.org/figures-at-a-glance.html, 검색일 2020.12.06.

33 Statista Research Department, Refugees - major hosting countries worldwide as of 2019, https://www.statista.com/statistics/263423/major-refugee-hosting-countries-worldwide/, 검색일 2020.12.06.

34 Erin Duffin, Life Expectancy in Africa 2020, https://www.statista.com/statistics/274511/life-expectancy-in-africa/, 검색일 2020.12.06.

35 존 리더, 《아프리카 대륙의 일대기》, 휴머니스트, 2013
36 네스트로 가르시아 칸클리니, 《혼종문화》, 그린비, 2011
37 사이먼 가필드, 《지도 위의 인문학》, 다산초당, 2015
38 외교부, 〈가나개황〉, 2019
39 한아프리카재단, 《이야기로 만나는 아프리카 - 아프리카의 검은 별, 가나》, 2018
40 세계일보, '남북한 평화 순위 동반 하락', http://www.segye.com/news-
    View/20100608004455, 검색일 2020.02.13.
41 이경원, 《검은 역사 하얀 이론》, 한길사, 2011
42 위키피디아, 에푸아 서덜랜드, https://en.wikipedia.org/wiki/Efua_Sutherland,
    검색일 2020.12.13.
43 Wikipedia, Anansi, https://en.wikipedia.org/wiki/Anansi, 검색일 2021.02.13.
44 한겨레, '거미 아난시 외', https://news.naver.com/main/read.nhn?mode=LS-
    D&mid=sec&sid1=102&oid=028&aid=0000120094, 검색일 2021.02.13.
45 홍명희, 조지숙, 유재명 외 2명, 《아프리카의 상징 철학 아딘크라》, 다사랑, 2017
46 윤상욱, 《아프리카에는 아프리카가 없다》, 시공사, 2011
47 한국학중앙연구원, 조선왕조실록사전, "추장", http://waks.aks.ac.kr/
    rsh/dir/rview.aspx?rshID=AKS-2007-AEZ-3101&callType=srch&-
    dataID=AKS-2013-CKD-1240001_DIC@00007005, 검색일 2021.04.26.
48 Andrew Speiegel & Emile Boonzaier, 《South African Keywords - Promoting
    traditions》, David Philip, 1988
49 https://enwikipediaorg/wiki/Kente_cloth, 검색일 2020.10.01.
50 맥스 알렉산더, 《아프리카의 배터리킹》, 시공사, 2015
51 The Guru, 롯데, 아프리카 가나 대통령상 수상한 까닭?…'가나 초콜릿 덕분'
    https://www.theguru.co.kr/news/article.html?no=15052
52 Ghana Cocoa Board, https://cocobod.gh/cocoa-story, 검색일 2020.11.02.
53 한아프리카재단, 《이야기로 만나는 아프리카 - 아프리카의 검은 별, 가나》, 2018
54 Ben Lawrence, Ghana Goods, Ahanti: Music & Dances, 검색일 2020.11.06.
55 Wikipedia, Ewe people, https://en.wikipedia.org/wiki/Ewe_people#Society_
    and_culture, 검색일 2020.11.06.
56 Wikipedia, Highlife, https://en.wikipedia.org/wiki/Highlife, 검색일
    2021.02.16.
57 이양일, 《팝레슨 121》, 북산, 2018
58 육숙희, [Ghana] 가나 클럽음악과, 서부 아프리카 음악산업, https://m.blog.
    naver.com/PostView.nhn?blogId=sukirization&logNo=221193743704&refer-
    rerCode=0&searchKeyword=hiplife, 검색일 2020.11.06.
59 안수찬, 문화 부자, 가나, https://youtu.be/KRfo8KK8mlI, 검색일 2020.11.14.
60 Alexander Ives Bortolot, Gold in Asante Courtly Arts, https://www.metmuse-
    um.org/toah/hd/asan_2/ho_1978.412.407,1994.312.htm, 검색일 2021.02.20.
61 Ahan, 〈Currency Story - Ashanti Mrammou〉, http://blog.naver.com/Post-
    View.nhn?blogId=asdo2&logNo=221230512404&parentCategoryNo=&cate-
    goryNo=131&viewDate=&isShowPopularPosts=true&from=search, 검색일,

2020. 12. 11.

62 National Museums Scotland, Gold Weights from Ghana, https://www.nms.
   ac.uk/explore-our-collections/stories/world-cultures/gold-weights-from-gha-
   na/, 검색일 2021. 02. 20.

63 The Culture Trip, Ghana's Top Festivals to Add to Your Bucket List, https://
   theculturetrip.com/africa/ghana/articles/ghanas-top-festivals-to-add-to-your-
   bucket-list/, 검색일 2020. 12. 06.

64 Wikipedia, Homowo, en.wikipedia.org/wiki, 검색일 2020. 12. 06.

65 Know your meme, https://knowyourmeme.com/editorials/interviews/benja-
   min-aidoo-of-ghanas-dancing-pallbearers-shares-his-experience-with-inspir-
   ing-the-coffin-dance-meme, 검색일 2020. 10. 31.

66 Wikipedia, Ataa Oko, https://en.wikipedia.org/wiki/Ataa_Oko, 검색일
   2021. 02. 20.

67 KaneKwei, http://www.kanekwei.com/about, 검색일 2021. 02. 20.

68 개빈 어번스, 《컬러 인문학》, 김영사, 2018

69 '인종·종교비하' 논란 구찌, 다양성 담당 책임자 영입, 연합뉴스, https://www.
   yna.co.kr/view/AKR20190731125200009, 2019. 07. 31.

70 Yaa Gyasi 야 지야시, 《밤불의 딸들》, 열린책들, 2021

71 가와다 준조, 《무문자 사회의 역사》, 논형, 2004

72 UNDP Equator Initiative, Wechiau Community Hippo Sanctuary, https://www.
   equatorinitiative.org/wp-content/uploads/2017/05/case_1348261639.pdf, 검색
   일 2020. 12. 06.

73 주가나 대한민국대사관, http://overseas.mofa.go.kr/gh-ko/brd/m_9769/
   view.do?seq=1322636&srchFr=&srchTo=&srchWord=&srchT-
   p=&multi_itm_seq=0&itm_seq_1=0&itm_seq_2=0&compa-
   ny_cd=&company_nm=&page=1, 검색일 2020. 11. 02.

74 〈2019 개나 개황〉, 외교부, 2019

75 한아프리카재단, 《이야기로 만나는 아프리카 - 아프리카의 검은 별, 가나》, 2018

나의 첫 다문화 수업 02

있는 그대로 가나

초판 1쇄 발행 2021년 9월 30일
초판 2쇄 발행 2022년 5월 20일

지은이 이정화

기획 · 편집 도은주
미디어 마케팅 류정화
표지 일러스트 엄지

펴낸이 윤주용
펴낸곳 초록비책공방

출판등록 2013년 4월 25일 제2013-000130
주소 서울시 마포구 월드컵북로 402 KGIT 센터 921A호
전화 0505-566-5522 팩스 02-6008-1777

메일 greenrainbooks@naver.com
인스타 @greenrainbooks
포스트 http://post.naver.com/jooyongy
페이스북 http://www.facebook.com/greenrainbook

ISBN 979-11-91266-19-1 (04900)
ISBN 979-11-91266-17-7 (세트)

어려운 것은 쉽게 쉬운 것은 깊게 깊은 것은 유쾌하게

초록비책공방은 여러분의 소중한 의견을 기다리고 있습니다.
원고 투고, 오탈자 제보, 제휴 제안은 greenrainbooks@naver.com으로 보내주세요.